Reinhard Goltz, geboren 1953, Finkwarder Jung, lebte 30 Jahre in Hamburg, 20 in Kiel und ist nun in Bremen zu Haus. Wollte Lehrer werden, wurde aber Bearbeiter, später Herausgeber des »Preußischen Wörterbuchs«. Seit 2003 tätig als Geschäftsführer am Institut für niederdeutsche Sprache.

Versteht sich selbst gern als Grenzgänger zwischen Wissenschaft und praktischer Kulturarbeit. Verfasste zahlreiche Aufsätze über die niederdeutsche Sprache und über die neuere Literatur, außerdem viele Beiträge für den Rundfunk. War Mitglied des Kabarett-Ensembles »De Scheewe Dree« und wirkte an der Übersetzung von vier Asterix-Heften, einem Donald-Duck-Comic sowie einem Harry-Potter-Band mit.

Ihn reizt vor allem der kreative Umgang mit dem Plattdeutschen. 2006 erschien unter dem Titel »Moin Moin« ein erster Band mit über 50 plattdeutschen Wort-Geschichten im Quickborn-Verlag.

Reinhard Goltz

Moin Moin

Weitere plattdeutsche Wortgeschichten

Quickborn-Verlag

Die plattdeutsche Schreibweise des Autors
ist unverändert übernommen worden.

ISBN 978-3-87651-325-6

Umschlaggestaltung: W. Martens, Hamburg
Gesamtherstellung: Clausen & Bosse GmbH, Leck
Der Umwelt zuliebe
auf chlorfrei gebleichtem Papier gedruckt
Printed in Germany

Reinhard Goltz ▪ Moin Moin

Vorwort

Viele Menschen mögen Platt – wegen seines Klangs, wegen des bildhaften Ausdrucks oder wegen seines kraftvollen Wortschatzes. Platt hat längst das Image als Sprache der Vergangenheit abgelegt. Nicht nur in Kindergärten und Schulen hat sich herumgesprochen: Platt ist cool. Wer Platt kann, verfügt über einen Schlüssel zum Verständnis Norddeutschlands.

Diese fünfzig Wort-Geschichten wurden zunächst in der Zeitung »Die Welt« abgedruckt und ergänzen das Mosaik, das im ersten *Moin Moin*-Band angelegt wurde. Im Mittelpunkt stehen einzelne Wörter mit ihren Bedeutungen und ihren Verwendungen in konkreten Situationen. Daneben wird immer auch die sprach- und kulturgeschichtliche Dimension angesprochen. Dabei geht es dann um Fragen wie diese: Woher stammt das *M* in *Moors*? Welches Tier steckt in *begöschen*? Oder: Was ist an einem *Döntje* musikalisch?

Klar ist, dass hier keine umfassenden und wissenschaft-

lichen Ansprüchen genügenden Abhandlungen gegeben werden – das verhindert schon der festgelegte Umfang. Daraus erklärt sich, dass eine Bündelung der Informationen erfolgt und entsprechend nicht alle Nebenformen und regionalen Ausprägungen aufgeführt werden können.
Das Büchlein wendet sich an alle, die Freude daran haben, ihren sprachlichen Horizont zu erweitern. Was selbstverständlich auch für den Bearbeiter gilt. So heißt es im ersten Band, dass der Gruß *Moin* erstmals 1932 dokumentiert wurde. Diese Datierung ist nun zu korrigieren: In dem Roman »Ottjen Alldag sien Lehrtied« von Georg Droste fand ich zweimal als Begrüßung *Meun* – geschrieben im Jahr 1914.
Auch hier gilt: *Bloots de, de neeschierig is, kriggt ok wat to weten.*

Reinhard Goltz

achter *Den Keerl seh ik leven vun achter as vun vörn!* Wer derart über einen Mitmenschen urteilt, dokumentiert ein zumindest gespanntes persönliches Verhältnis, etwa zu einem Vorgesetzten, zu einem ehemaligen Freund oder zu einem geschwätzigen Nachbarn. Weil *achter* im Gegensatz zu *vörn* steht, fällt es leicht, die Bedeutung »hinten« zu erschließen. Und wenn es von jemandem heißt: *De weet, wat vörn un achter is*, dann charakterisiert man damit seine umfassende Beschlagenheit.

Im südlichen Niedersachsen und Mecklenburg ist *achter* weitgehend unbekannt; dort sagt man *hinner*. In den nördlichen niederdeutschen Landschaften kann man *achter* dagegen oft hören, und zwar sowohl für örtliches »hinten« als auch für das richtungsanzeigende »hinter«. Deutlich getrennt werden diese beiden Bedeutungen nur in der plattdeutschen Seemannssprache. Hier hält man *achter* und *achtern* deutlich auseinander: *Dat Schipp liggt achter Sylt* und: *De Kombüüs is achtern.*

Die lautliche Verwandtschaft von *achter* mit dem englischen *after* und schließlich auch mit dem hochdeutschen *After* ist augenfällig. Der Lautwechsel *cht – ft* erfasste auch das Mitteldeutsche und das Niederländische; heute finden wir im Deutschen in einigen Fällen Parallelformen, die gleichen Ursprungs sind, wie *Schacht – Schaft* oder *sacht – sanft.*

Übrigens: *achter* erfreut sich in norddeutschen Liedtexten großer Beliebtheit. Schon Klaus Groth ließ seinen *Matten Has'* auf den Hinterbeinen tanzen: *Un danz ganz alleen op de achtersten Been.* Hans Scheibner endlich besang geheimnisvoll, dass ein norddeutscher Hinterwäldler in *Achterdiek* zu Hause ist: *Was in Achterdiek in der Nacht geschieht …*

Baas

Se is de Baas in't Huus! Von manch einer Frau weiß man, dass sie ihren Mann steht, sei es im Beruf, im Haushalt oder im Leben ganz allgemein. Dieses Sich-Behaupten drückt das plattdeutsche Wort *Baas* vorzüglich aus. Insofern ist die Rolle eines *Baas* immer auch mit Autorität verbunden. Die Ursachen dafür können unterschiedlicher Natur sein. Das Spektrum reicht vom Wissen und Können über die imponierende Erscheinung bis hin zu materiellen Vorzügen: *De Geld hett, is allerwegens Baas.*

Das Wort *Baas* war zunächst im Niederländischen und Friesischen gebräuchlich. Von dieser Herkunft zeugen noch plattdeutsche Schreibungen, die das lange *a* betonen: *Bars*. In Hamburg und an der Unterelbe spricht man das Wort heute mit langem *o*, also *Boos*. In den anderen Gegenden tendiert das *o* zu dem Laut, den wir in Wörtern wie *Korb* oder *Torf* sprechen. So richtig bekannt wurde *Baas* allerdings erst als amerikanisches Lehnwort. Zwischen Los Angeles und New York kennt jeder den *boss* – er ist derjenige, der das Sagen hat.

Bis zur Mitte des 18. Jahrhunderts war *Baas* in weiten Teilen Norddeutschlands die allgemein übliche Anrede für den Handwerksmeister durch Gesellen und Lehrlinge. Die fachliche Qualifikation ist demnach Ausschlag gebend dafür, dass der *Baas* als »Herr, Chef, Meister« zu übersetzen ist. Aus dieser Zeit stammen auch zahlreiche Zusammensetzungen wie *Timmerbaas* oder aus dem Hafenmilieu *Hüerbaas* oder *Stauerbaas*. Erst später hat sich die Bedeutung erweitert, so dass nun auch der Beste oder derjenige, der anderen überlegen ist, als *Baas* bezeichnet wurde: *He is en bannigen Baas* oder *He is en Baas vun Keerl.*

Übrigens: Gern wird *Baas* auch mit ironischem Unterton verwendet. So kann eine Frau zu ihrem Mann sagen: *Du büst de Baas in de Bottermelk* – um nach einer kurzen Pause zu ergänzen: *... wenn de Klüten rut sünd.*

begöschen

Kumm man her, ik will di en beten begöschen! Schon der besänftigende Ton in der Stimme verrät, dass hier Trost gespendet werden soll. Vor allem wenn Kinder sich wehgetan haben oder wenn sie traurig sind, ist *begöschen* angebracht. Das Kleine kommt auf den Schoß, darf sich ankuscheln, vielleicht

wiegt man es im Takt oder singt ein Liedchen: *begöschen* – gesprochen mit langem *ö* – sorgt für Geborgenheit.
Will man *begöschen* direkt übersetzen, so kommt dabei das Wort *begänschen* heraus. Zwar gibt es ein solches Wort im Hochdeutschen nicht, doch scheint das sprachliche Bild von den jungen Gänsen treffend gewählt – schließlich gehört zum Repertoire des *Begöschen* auch »Heile, heile Gänschen«. Die Gänschen-Herkunft offenbaren auch ältere Formen wie *begösken* oder *begöseken*, bei denen man die Verkleinerungsform *-ken* noch deutlich erkennt. Dieses *-ken* ist dann aber mit dem *-s* von *Goos* verschmolzen, so dass ein *-sken* und schließlich *-schen* entstanden ist. Nach dem gleichen Prinzip ist das Wort *Geelgöschen* für die Goldammer entstanden. Und der Name *Lies-chen* spricht sich auf Platt ebenfalls mit klarem *-sch-: Lieschen* eben.
Auch unter Erwachsenen kann *begöschen* gebraucht werden, dann allerdings oft mit leicht negativer Bedeutung. So sagt jemand, der allen Schmeicheleien trotzt oder Abwiegelungen standhält: *Ik laat mi nich begöschen.*

Übrigens: Es gibt auf Platt nur wenige Alternativen für *begöschen*. Vielleicht kann man *betüdern* verwenden oder *bemuddern*. Und ähnlich wie im Hochdeutschen gibt es die Ausdrücke *Moot tospreken* oder *goot toreden*. Am meisten sagt das Bild von den Gänschen aus: *Laat di man en beten begöschen.*

bemöten

Den much ik nich in Düüstern bemöten! Es gibt Mitmenschen, vor denen man sich ängstigt und denen man am besten aus dem Weg geht. Wenn Menschen zusammentreffen, sei es nun zufällig oder gezielt, sei es in freundlicher oder feindlicher Absicht, hört man dafür auf Platt oft *bemöten* oder *in de Mööt kamen*. Dabei weiß der Volksmund, wie man sich vor unliebsamen Begegnungen am besten schützt: *Nimm den Düvel op de Hack, denn kümmt he di nich in de Mööt.*
Leicht erkennt man in *bemöten* und *Mööt* das englische *meet*, das schwedische *möta* und das dänische *møde*, die bekanntlich mit »treffen, begegnen« zu übersetzen sind.

Auffällig ist, dass das einfache Verb *möten* im Plattdeutschen bis auf geringe Reste verschwunden ist. Schon im Altsächsischen, der ältesten Form des Niederdeutschen, ist *motian* belegt, das seinerseits auf das altnordische Wort *mot* zurückgeht, das »Zusammenkunft« bedeutet. Wie gebräuchlich dieses Wort im Mittelalter war, erhellt die Tatsache, dass die jährliche Versammlung der hansischen Vögte und der dänischen Beamten zu Falsterbo zur Beschwörung des Marktfriedens *mote* hieß.

Das Hauptwort *Mööt* kommt heute nur in Konstruktionen wie *in de Mööt kamen* oder *to Mööt kamen* vor. Die erste Form war zumindest früher der zufälligen Zusammenkunft vorbehalten, während die zweite den absichtlichen Charakter betont. So kann man Besuch, den man erwartet, entgegengehen, ihm *to Mööt kamen*. Ergänzt wird *in de Mööt* durch Wörter, die eine Bewegung beschreiben, am häufigsten durch *kamen*, aber auch *gahn, lopen* oder *fohren* kommen vor.

Übrigens: den Weg ins Hochdeutsche haben *Mööt, möten* oder *bemöten* nicht gefunden. Das mag die Ursache dafür sein, dass die Wörter im Plattdeutschen immer seltener gebraucht werden. Wobei es Grußformeln gibt, die wahrlich schwer zu ersetzen sind. Wie dieser Zuruf zum Abschied: *Adjüüs, laat di man keen Mehlbüdel in de Mööt kamen.*

benaut

Ik bün ganz benaut – Schwindelgefühle stellen sich bekanntlich nicht nur nach rasanten Karussellfahrten ein. Auch ein zu niedriger oder zu hoher Blutdruck kann dazu führen, dass man sich *benaut* vorkommt. Bekanntlich können sich angesichts solcher Beklemmungen zusätzliche Angstvorstellungen entwikkeln, so dass der zunächst körperliche Befund durch eine seelische Komponente ergänzt wird: *Ik bün so benaut to Sinn.*

Zu den niederdeutschen Vorläufern aus der Hansezeit zählt das Tätigkeitswort *benouwen*, das mit »einengen« zu übersetzen ist. In diesem Wort zeigt sich die ursprüngliche Bedeutung von *nau*, nämlich »eng, knapp«, die sich etwa im hochdeutschen *genau* erhalten hat. Das Eigenschafts-

wort *benaut* beschreibt einen Zustand des Bedrückens, der Beklemmung. Verwandte Wörter in anderen germanischen Sprachen weisen ein weiter gefasstes Bedeutungsspektrum auf: neben »sorgfältig« ist auch »geizig« vertreten.
Wie in *Mien Fingers sünd ganz benaut* wird das Gefühl der Taubheit häufig auf Körperteile übertragen. Daneben lassen sich mit *benaut* auch Charaktereigenschaften beschreiben: So heißt es von einem schüchternen Kind: *De Jung is still un benaut*. Besonders häufig hört man *benaut* im Zusammenhang mit schwülem Wetter, zu übersetzen ist es dann zumeist mit »drückend« oder »bedrückend«: *Dat is so benaut, wenn de Warmde kümmt*.
Übrigens: die wohl auch aus rhythmischen Gründen und wegen des gleichen Anfangslauts gern verwendete Zwillingsformel *nipp un nau* zeigt ebenfalls den Wortstamm *nau*, der hier durch eine Form von »kneifen« eine Verstärkung erfährt: *Nu höör mi maal nipp un nau to!*

bören *Wat man nich bören kann, mutt man liggen laten.* Ob es auf schlichte Arbeitsunlust zurückzuführen ist, dass die schweren Dinge nicht bewegt werden, ob gesundheitliche Überlegungen eine Rolle spielen oder ob einfach die Kraft nicht ausreicht, lässt sich oft nur anhand der konkreten Situation entscheiden. Zumindest sind kräftige Muskeln erforderlich, wenn man einen gewichtigen Gegenstand *bören*, also heben will, wobei die Richtung gern durch eine Vorsilbe näher bezeichnet wird: *an-*, *hooch-*, *op-*, *rin-*, *rop-*, *rut-* oder einfach nur *bören*.

Auch wenn man es auf den ersten Blick kaum vermutet: Verwandt ist *bören* mit den hochdeutschen Wörtern *gebären* und *geboren*. All diese Wörter gehen auf Formen zurück, die von »trächtig, (als Leibesfrucht) tragend« herzuleiten sind. Der gleichen Wortsippe gehören *Bahre* oder *Gebärde* an.

Im Englischen kennen wir mit *bear* ein verwandtes Wort, das allerdings häufig im übertragenen Sinne verwendet wird: *I can't bear it* ist mit »ich kann es nicht ertragen« zu übersetzen. Im Plattdeutschen herrscht eindeutig die kon-

krete Bedeutung vor: hier gilt es, Gewichte zu bewegen: *Kannst dat maal mit anbören?* Es gibt aber auch Ausnahmen, so wenn ein Skatspieler angesichts einer hohen Trumpfkarte, die er nicht überbieten kann, ausruft: *De kann ik nich bören!*
Übrigens: *bören* kann man immer seltener hören. Die Ursache dürfte darin liegen, dass es zwei Konkurrenten gibt, die den Vorteil haben, dass sie uns aus dem Hochdeutschen vertraut sind: *heben* und *hieven*.

Buscherump

Kiek den mit den nee'en Buscherump! Mit diesem Spottruf belustigte man sich früher in Hamburg gern über allzu modisch gekleidete Herren. Der Witz beruht dabei auf dem Zusammenspiel von Gegensätzen. Schließlich handelt es sich beim *Buscherump* keineswegs um ein feines Kleidungsstück, sondern um einen groben Arbeitskittel.
Verbreitet war der *Buscherump* früher an der gesamten Nordseeküste. Nach einem ostfriesischen Wörterbuch aus

dem Jahr 1879 bezeichnete man damit ein »weites, faltiges zum Überwerfen über den Kopf eingerichtetes Obergewand von Leinen, Kattun oder Wollzeug, welches nur bis an die Hüften reicht und hauptsächlich als Überwurf über andere Kleider zur Schonung derselben bei der Arbeit oder überhaupt als Arbeitsgewand getragen wird.«
Das Wort *Buscherump* hat erst vor gut 150 Jahren seinen Platz in der plattdeutschen Seemannssprache gefunden. Seinen Ursprung hat es in der französischen Arbeitsjacke *bourgeron*, die wiederum als *boezeroen* in die niederländische Sprache Eingang fand. Von hier war es nicht weit zur friesischen Variante *Busruntje* – gesprochen mit zwei langen *u*. Nun entwickelte sich das Wort auf typische Weise, wenngleich in recht unterschiedliche Richtungen. Da den Menschen die einzelnen Bestandteile des Wortes unklar waren, passten sie diese an bekannte Wörter an. So deutete man den ersten Teil als *bunt, Buttje, Bost* oder *Busch*. Auf diese Weise entstanden *Buntjeruntje, Buttjerunje, Busstruntje* oder *Buscheruntje*. Für den zweiten Teil finden sich Formen mit *-rontje, -runscher* oder *-runt;* am häufig-

sten aber wird die Anlehnung der Benennung an den Rumpf gesucht, wie beim *Buscherump*.
Übrigens: Gegenwärtig versteht man unter *Buscherump* ausschließlich das blau-weiß gestreifte Arbeitshemd der Seeleute, Fischer und Schiffbauer, wie man es als Markenzeichen der Finkwarder Speeldeel kennt. Für die sackartigen Seitentaschen gilt heute wie schon zur Mitte des 19. Jahrhunderts: *In so'n Buscherump mütt mehr as een Pund Toback Platz in hebben.*

Buttje

Buttjes hett dat in Hamborg immer un överall geven! Dass Tagediebe, Taugenichtse und andere Müßiggänger in großen Städten besonders gut gedeihen, steht außer Frage. So ist wenig verwunderlich, dass sich das Wort *Buttje* (auch *Bottje* oder *Buttscher)* für einen groben Kerl besonders häufig in Hamburg findet.
In Mecklenburg steht *Buttjer* sogar für den Hamburger mit seinem typischen Lebenswandel schlechthin: *Hamborger Buttjer – Geldverswutscher.* Aber auch in anderen

Städten ist dieser Menschenschlag vertreten, so nennt man einen Frechdachs an der Weser *Bremer Buttjer*, und über die Kieler spottet man: *Kieler Buttjer – Fingerlutscher.* Diesen Reim gibt es auch in der Hamburger Variante. Auf Hanseatische Flegel bezieht sich ebenfalls: *Hamborger Buttjer – suugt op'n Lutscher.*

In der Verkleinerungsform mit *-je* oder *-jer* gibt es das Wort im Plattdeutschen erst seit knapp 200 Jahren. Vorher kannte man aber schon *Butt* für »kleiner, gedrungener Mensch, Flegel«. *Buttje* und *Butt* gehören zum althochdeutschen *pozan* »stoßen«, und das ist wiederum verwandt mit dem *Amboß* oder auch mit dem englischen *beat*.

Diesem *Butt* liegt das Eigenschaftswort *butt* zu Grunde, das zunächst nur »stumpf, plump« bedeutete, dessen Spektrum sich im Laufe der Zeit aber auf »unverschämt, gemein, obszön« erweiterte. Heute ist dieses *butt* nur noch im westlichen niederdeutschen Sprachraum gebräuchlich ist, also in Ostfriesland, Oldenburg und im Emsland.

Heute wird *Buttje* weniger auf Straßenjungen oder Halunken bezogen; vielmehr dient es vor allem als Kosewort für

kleine, aufgeweckte Jungen: *Na, wat hest utfreten, mien lütt Buttje?* In *Buttje* schwingt auf jeden Fall die Vorstellung von »niedlich« mit. Aber auch die Körperform ist erkennbar, ähnlich wie beim hochdeutschen *Stummelchen*. Gern beginnen Erinnerungsberichte mit: *Ik weer so'n Buttje vun veer, fief Johr...*
Übrigens: Ob die gedrungene Gestalt oder das freche Benehmen dafür verantwortlich ist, dass in Hamburg zahlreiche Kanarienvögel *Buttje* oder *Buttjie* gerufen werden, ist unklar. Dabei steht für den richten Vogelliebhaber fest: *Uns Buttjie – he is un blifft en Buttje.*

Büx

Hier hett de Fro de Büxen an! Manche Männer mögen bedauern, dass Frauen sich längst Lebensbereiche erobert haben, die fernab von Küche und Herd liegen. In früheren Zeiten jedenfalls war die Hose ein rein männliches Kleidungsstück, daher konnte sie auch als Symbol der Macht gelten: Wer also bildlich *de Büxen anhett*, der hat das Sagen.

Bereits im Mittelalter kannte man die niederdeutsche *boxe* oder *buxe*. Dabei ist schon nicht mehr erkennbar, dass sich das Wort aus zwei Bestandteilen zusammensetzt. Die Voll-Form lautet nämlich *buck-hose*. Zunächst bedeutet *Büx* also »Hose aus Bocksfell«. Und weil sich in *Büx* noch ein Rest des Wortes *Hose* verbirgt, ist erklärlich, dass es auch in der Mehrzahlform anzutreffen ist: *He bruukt en Poor nee'e Büxen.*

Die Bedeutung der *Büx* lässt sich an zahlreichen Wendungen ablesen, mit denen menschliches Empfinden oder Verhalten ausgedrückt wird. Ist jemand ängstlich, so *bevert em de Büx*. Wer bei einer Missetat erwischt wurde, *den hebbt se bi de Büx kregen.* Vor allem Kindern drohte man früher körperliche Züchtigung an mit: *Ik warr di de Büx stramm trecken!* Doch auch bei der *Büx* muss das Maß stimmen, entsprechend heißt es ironisch vom Prahler: *Över 'n groten Moors höört ok 'n grote Büx.*

Übrigens: Die Entwicklungen des hochdeutschen Wortes *Hose* und der plattdeutschen *Büx* verliefen recht unterschiedlich. Dafür steht der Angsthase, *de Bangbüx*, zu der es keine Hosen-Entsprechung gibt. Zudem hat sich anders als im Hochdeutschen mit *utbüxen* ein bildhaftes und oft gebrauchte Tätigkeitswort entwickelt. Es steht für »weglaufen, entwischen, entkommen«: *He büxt ut, wat he lopen kann.*

Daak

Dat is so'n Daak, man kann keen teihn Schreed wiet kieken. Der Herbst bringt Nässe und Kälte. Ganz besonders typisch für die norddeutsche Tiefebene aber ist der Nebel. *Daak* bezeichnet heute zumeist den dichten Nebel über Gewässern oder Niederungen. Was im Hochdeutschen als »Waschküche« beschrieben wird, das ist auf Platt *dick vun Daak*. Wobei an der Unterelbe und in Hamburg die Aussprache *Dook* üblich ist.

Das mittelalterliche Wort *dake* ist auf altnordisches *þoka* zurückzuführen, das wir heute noch in schwedischen Dialekten als *taka* oder *tuka* finden. Dabei beziehen sich die Vorläufer von *Daak* zunächst auf den feinen Nebel, der sich in Form von Tautropfen an den Pflanzen absetzt. Der Umstand, dass *Daak* keine Verwandten im Hochdeutschen hat, ist sicherlich dafür verantwortlich, dass dieses Wort zunehmend von *Nevel* verdrängt wird. Daneben kennt man auch *Mist, Dies* und *Dunst*.

Die unheimliche und Angst einflößende Wirkung des Nebels findet ihren Niederschlag auch darin, dass *Daak* gern in Doppelformen verwendet wird: *Daak un Düüsternis, Daak un Dunst* oder *Dau un Daak*. Die sprachliche Steigerung trägt zur Intensivierung des Eindrucks bei. Diese Beobachtung lässt sich auch auf das Eigenschaftswort *dakig* übertragen, das verstärkt als *gries un dakig, dakig un grimmelig* oder *dakig un diesig* auftritt.

Übrigens: Am häufigsten kommt *Daak* in einer Wendung vor, die auch unabhängig vom tatsächlichen Nebel verwendet wird. »In aller Frühe« heißt auf Platt *vör Daak un Dau*.

daal *Dat Leven is en Op un Daal* – auch auf Platt weiß man, dass kaum ein Lebensweg auf einer geraden Strecke verläuft. Durch das sprachliche Umfeld aber lässt sich die Bedeutung von *daal* oft leicht entschlüsseln, nämlich als Gegensatz zu *op*, was bekanntlich »auf« heißt. Es geht also um Höhen und Tiefen, wobei *daal* eine Abwärtsbewegung beschreibt. Wenn eine vorgegebene Reihenfolge eingehalten wird, dann geht eben *allens vun baven daal*.

Es ist augenfällig, dass *daal* mit »Tal« verwandt ist. Das belegen auch frühe Formen wie *to dale*. Diese Herkunft wird ein wenig durch die Aussprache verschleiert. So sagt man in Hamburg und im Unterelberaum *dool*, und auch in den meisten anderen Gegenden hört man in *daal* einen Laut, der an das *o* in Korb oder Torf erinnert.

Weil *daal* eine Richtung angibt, tritt es regelmäßig gemeinsam mit Bewegungswörtern auf. Wen es graust, *den löppt dat koolt den Puckel daal* und wen dann die Angst übermannt, *den kullert de Tranen de Backen daal*. In vielen Fällen kann man sogar auf das Tätigkeitswort verzichten: *Hebbt ji al den Kaffe daal?* Und wer wissen möchte, was

ein anderer vorhat oder worauf er hinaus will, der fragt kurz: *Wo wullt du op daal?*
Übrigens: Wenn *daal* in festen Fügungen auftritt, ist die Bedeutung »ins Tal hinab, abwärts« oftmals verblasst, dafür überwiegt dann »vollständig, total«. So heißt es von einem, der seinem Vater wie aus dem Gesicht geschnitten ist: *He is sien Vadder op un daal.*

Döns

Kumm man eerst maal rin in de Döns! Diese überaus freundliche Einladung dürfte sowohl für die Vergangenheit als auch für die Gegenwart eine Ausnahme bilden. Denn früher benutzten die Bauern ihre »gute Stube« nur zu festlichen Anlässen. Und heute ist das Wort *Döns* nahezu ausgestorben.
Neben der Küche galt die *Döns* in Bauernhäusern als einziger heizbarer Raum, sie war also deutlich von der *Kamer* zu unterscheiden. In der üblichen *Döns* diente ein *Bilegger* als Ofen, oft waren als Schlafgelegenheiten auch *Alkoven* eingebaut. In großen Bauernhäusern unterschied man die

grote Döns und die *lütte Döns*. Die kleine Variante diente als Art Einliegerwohnung, sei es für den Knecht, sei es für die Altenteiler. Und die große war dem Bauern vorbehalten. Wenn es also von einem Heiratswilligen hieß: *He kriggt een ut de grote Döns*, so durfte er mit einer reichen Mitgift rechnen.

Das Wort *Döns* kam noch im 19. Jahrhundert in ganz Norddeutschland in recht unterschiedlichen Lautungen vor. Die Skala reicht von *Döns* und *Dööonz* über *Dörnsch* bis hin zu *Dönsk* und *Dünzen*. Fraglos aber hatte das Wort seinen festen Platz im Plattdeutschen. Dabei kommt es ursprünglich aus dem Slavischen. Die *Döns* ist nämlich aus dem polabischen Wort *d(w)ornica* hervorgegangen. Insofern steht *Döns* in einer Reihe mit dem hochdeutschen Wort *Grenze*, das bekanntlich auf slavische Formen zurückzuführen ist, die mit dem russischen und polnischen *granica* verwandt sind.

Übrigens: angesichts moderner Wohnkultur hat die *Döns* als heizbare Wohnstube längst ihre Sonderstellung eingebüßt. Heute spricht man im Plattdeutschen von *de Stuuv*.

Und nun hört man auch als Begrüßung des Öfteren: *Kumm man eerst maal rin in de gode Stuuv!*

Döntje

Nu vertell man kene Döntjes! – Diese Aufforderung zu ernsthaften Aussagen versteht man überall in Norddeutschland. Dabei steht *Döntje* für die kurze, spaßige Geschichte, die Schnurre, die Anekdote, zum Besten gegeben in geselliger Runde. Hier gilt es als Auszeichnung, wenn über jemanden geurteilt wird: *De weet allerlei Döntjes.*

Die Herkunft des Wortes ist überraschend einfach und eindeutig zu klären. Denn der Form nach wäre *Döntje* mit »Tönchen« zu übersetzen. Das erklärt auch, warum man noch im 19. Jahrhundert unter *Döntjes maken* auch das Singen oder Spielen kleiner Melodien verstand. Hier erkennt man die Verwandtschaft mit dem hochdeutschen *Ton*, der auf lateinisch *tonus* zurückgeht, was zunächst »Anspannung« bedeutet und im Zusammenhang mit Saiteninstrumenten eben auch »Laut, Klang«.

Noch im Mittelalter kannte man im Niederdeutschen neben dem Hauptwort *don* auch das Tätigkeitswort *dönen*, das für »lärmen, schwatzen, eintönig erzählen« stand. Da beide Wörter mittlerweile ausgestorben sind, fehlt uns ein Anhaltspunkt, wenn wir *Döntje* zuordnen wollen. So verwundert es wenig, dass sich recht unterschiedliche Lautformen ausgebildet haben, in denen man durchaus Interpretationsversuche entdecken kann; die Palette reicht vom *Döntjer* über *Dünnjes* bis hin zum *Döneken*.
Zwar kennzeichnet der Wechsel von niederdeutschem *d* zu hochdeutschem *t* einen typischen Unterschied zwischen den beiden Sprachen, doch ist dieser Gegensatz nicht regelmäßig anzutreffen. So finden sich Wortpaare wie *Disch – Tisch* oder *doon – tun* neben solchen wie *Tasch – Tasche* oder *dreihen – drehen*.
Übrigens: Mit *Gedöns* für »lästiges Gerede, Geschwätz« hat sich ein Verwandter des *Döntje* in Platt fest etabliert. Und das, obwohl Sprachpfleger den mit *Ge-* gebildeten Wörtern gern die Existenzberechtigung absprechen. Aber auch hier gilt: *De maakt dor to veel Gedöns vun*.

doon *Do wat du wullt, de Lüüd snackt doch!* Dass das Reden seine eigenen Realitäten schafft, ist hinlänglich bekannt. Das tatsächliche Handeln, das *Doon*, spielt dabei oft nur eine untergeordnete Rolle. Im Vergleich mit dem hochdeutschen *tun* beschreibt das plattdeutsche *doon* allerdings ein weitaus breites Spektrum menschlicher Tätigkeiten. Hat jemand etwas angestellt, so fragt man ihn: *Wat hest du daan?* Wenn jemand sich nach Kräften müht, so *deit he, wat he kann.* Und schließlich lehrt die Erfahrung, dass zwischen Haltung und Handlung durchaus eine Lücke klaffen kann, was für Volksvertreter sogar als symptomatisch gilt: *Politik is anners denken as doon.*

Vergleicht man plattdeutsches *doon* mit hochdeutschem *tun*, so fallen zunächst die Formen der 2. und 3. Person Einzahl auf: *du deist* (du tust) und *he deit* (er tut). Auch zu *gahn, slaan* und *stahn* werden diese Formen mit *-ei-* gebildet, *he sleit, geiht* und *steiht* (schlägt, geht, steht).

Im Satz kann *doon* mehr leisten als das hochdeutsche *tun.* Vor allem zeigt sich dieses breite Spektrum in Nebensätzen: *Wenn he sowat seggen deit, lüggt he.* Dieses *deit* ist allerdings kein Muss, man kann auch sagen: *Wenn he sowat seggt, lüggt he.* Der Vorteil der Konstruktion mit *doon* besteht darin, dass immer die Grundform des Tätigkeitsworts klar benannt wird. Will man also bei einer Drohung das Ergebnis unmissverständlich zum Ausdruck bringen, so bevorzugt man den Einsatz von *doon: Ik spee di in't Oog, dat du versupen deist!* (Ich spucke dir ins Auge, damit du versäufst.) Im Hauptsatz trifft man die Umschreibung *doon* nur dann, wenn die Tätigkeit besonders betont werden soll: *Ropen do ik em nich!* Weil *doon* für unterschiedlichste Handlungen steht, lässt es sich auch mit zahlreichen Hauptwörtern verkoppeln: *en Fraag doon* heißt »fragen«, *en Schaden doon* »beschädigen«, *Gewalt doon* »gewaltsam vorgehen«. Gern kombiniert man *doon* auch mit anderen Tätigkeitswörtern, um die Aussage zu intensivieren, wie in: *He arbeit un deit in een Tuur* oder *Wi hebbt bloots en beten snackt un daan.*

Übrigens: Gehäuft treten *doon*-Konstruktionen nur im literarischen Zusammenhang auf. So prägte Fritz Reuter einen Satz, den Alt-Bundeskanzler Helmut Schmidt gern als sein Motto ausgab: *Wenn een doon deit, wat he deit, denn kann he nich mehr doon, as he deit.*

Dutt

Na, du büst mi en fixen Dutt! – Ein leicht ironischer Unterton schwingt in dieser Anerkennung durchaus mit. Und das liegt an dem *Dutt*. Dieses plattdeutsche Wort verfügt über eine erstaunliche Bedeutungsvielfalt. Als Bezeichnung für Menschen dient *Dutt* zumeist der Kennzeichnung kleiner und bedauernswerter Geschöpfe: *He is man en lütten Dutt*. Auch *Kuddl Dutt* gehört hierher, denn dieses sprachliche Bild ist ebenfalls geprägt von der Vorstellung eines Häufchens.

Die Vorstellungen vom Haufen wirken in Fügungen mit *Dutt* auf recht unterschiedliche Weise. So ist zwischen *op'n Dutt* und *in Dutt* deutlich zu trennen. *Du kannst allens fein op'n Dutt packen* ist eine Aufforderung, Dinge zusammenzubringen, zu ordnen. Und von einem, dessen Angelegenheiten wohl geregelt sind, heißt es anerkennend: *He hett sien Kraam op'n Dutt*. Wer hingegen sagt: *mien Klock is in Dutt*, dessen Uhr bedarf dringend der Reparatur. Und wer gar *allens in Dutt haut*, dem ist eine Neigung zum Zerstören nicht abzusprechen.

Dunkel ist, wo die Ursprünge von *Dutt* liegen. So hat man versucht, das Wort zu dem Stamm zu stellen, aus dem *Zitze* und *Tüte* hervorgegangen sind: für kegelförmige Dinge, die spitz zulaufen. Doch der plattdeutsche *Dutt* bezeichnet schließlich auch den runden, ungeordneten Haufen, zudem ist er keineswegs weiblich, sondern immer männlich. Ins Hochdeutsche eingedrungen ist *Dutt* als geflochtener oder gedrehter Haarknoten – früher eher ein Zeichen älterer Frauen, heute hingegen durchaus auch verwendet als modischer Teil von Hochzeitsfrisuren.

Übrigens: bevorzugt tritt *Dutt* im Zusammenhang mit Finanzen auf. Vom Reichen heißt es: *Geld is dor en teemlichen Dutt*, während der Arme *sien poor Cent op'n Dutt hollen mutt*. Für alle aber gilt: *De Düvel schitt jümmers op den gröttsten Dutt*.

düüster *De düüstern Morgens hebbt de hellsten Daag!* Der plattdeutsche Volksmund weiß: Gerade in der dunklen Jahreszeit täuscht der erste Eindruck oft über den weiteren Verlauf eines Tages. Dabei steht *hell* in klarem Kontrast *zu düüster*, das mit »dunkel, finster, trübe« zu übersetzen ist. Auffällig ist, dass es neben *düüster* auch *duuster* gibt, außerdem sind *düüstern* und *duustern* bekannt.

Das Wort *düüster* strahlt weit über das Niederdeutsche hinaus. So finden wir es seit etwa 500 Jahren auch im Hochdeutschen. Ähnlich verhält es sich mit dem schwedischen *dyster*, das in der Hansezeit, also zwischen 1230 und 1600, aus dem Niederdeutschen übernommen wurde. Unschwer ist die Verwandtschaft mit dem englischen *dust* und dem hochdeutschen *Dunst* auszumachen, die Verbindung reicht allerdings bis in die slavischen Sprachen hinein, wie sich an russisch *tusklyi* zeigt, das nichts anderes heißt als »dunkel«.

Finsternis wurde von den Menschen immer schon als unheimlich und bedrohlich empfunden. So ängstigt man

Kinder mit: *De Düvel luert buten in'n Düüstern*. Eher verschmitzt ist diese Prognose gemeint: *Wenn de Sünn vun'n Heven fallt, sitt wi all in'n Düüstern*. Nur Verliebte wissen der Dunkelheit ihre Reize abzugewinnen: *In'n Düüstern is goot Smüüstern*.

Übrigens: steigern lässt sich *düüster* auf besonders bildhafte Weise, indem man ein Wort davor setzt: *sticken-düüster, balkendüüster, pickendüüster*. Aber auch dieses Verfahren ist steigerungsfähig. Man denke an die undurchdringliche Finsternis, die umschrieben wird als *himmelstickensteernbalkendüüster*.

eisch

Büst du wedder eisch ween? Kinder erkennen bereits am Tonfall, dass sich hinter dieser Frage ein handfester Vorwurf verbirgt. Dabei steht *eisch* ganz allgemein für »unartig, garstig«, so dass es von einem notorischen Frechdachs auch heißt: *Dat is en ganzen Eischen*.

Das Wort *eisch* ist heute weitgehend auf die Kindersprache eingeschränkt, so dass neben dem Tadel oft auch mütterlicher Beistand mitschwingt. Zu *eisch* gibt es im Hochdeutschen keine erkennbaren Verwandten, vielleicht mit Ausnahme von *ach* und *ächzen*. Das Wort geht auf eine Wurzel *agh-* zurück, die vor allem in den älteren germanischen Sprachstufen weit verbreitet war. Im Altsächsischen, dem frühesten Plattdeutsch, findet sich *egiso* in der Bedeutung »Furcht, Schrecken«, daraus wurde das Eigenschaftswort *egislik* abgeleitet, das sich zu *eislik* weiterentwickelte.

Von seiner ehemaligen Intensität hat *eisch*, das ein Spektrum von »Grauen erregend« bis »hässlich« umfasste, vieles eingebüßt. Nur selten noch nennt jemand seinen kranken oder verletzten Fuß *mien eischen Foot*. Ähnliches gilt für *eisch* als Steigerungswort, etwa wenn es von einer Notsituation heißt: *Wi weern eisch in de Kniep.*

Durch die Abschwächung seiner Bedeutung eröffnete sich für *eisch* die Möglichkeit, nun auch einen positiven Sinn anzunehmen, wie wir es im Hochdeutschen etwa von *toll* oder *wahnsinnig* kennen. So kann man bewundernd sagen: *Wat hett de Deern för eische Been* oder auch: *Se hett sik en eische Büx köfft.*

Übrigens: ein ungezogenes Mädchen wird man allenfalls bis zum Alter von fünf Jahren als *eische Deern* bezeichnen. Später nennt man sie eher *kiebig, krötig* oder *biestig*. Dass Männer mit dieser Art ihre Mühe haben, ist allgemein bekannt: *Dat is en eischen Kraam mit de Froonslüüd: giffst jem en Söten, haut se di – giffst jem keen, haut se di ok.*

Flaag

Dor treckt al wedder en Flaag op! Aller Klimaveränderungen zum Trotz gibt es Konstanten in der Wahrnehmung des Wetters. So prägen nach wie vor die sturmgepeitschten Regenschauer, die man nicht nur am Deich und auf See als *Flaag* kennt, das Bild von Norddeutschland. Die *Flaag* bezeichnet zunächst die einzelne Bö, die jedoch durchaus mit Regen, Hagel oder Schnee angereichert sein kann. Auch tritt ein Windstoß selten allein auf: *Wenn de Hahn kreiht un de Wind sik dreiht, gifft't Flaag op Flaag.*

Das Hochdeutsche kennt kein Wetterwort, das mit *Flaag* – oder *Flooch*, wie man in Hamburg und an der Unterelbe sagt – verwandt wäre. Und auch im Plattdeutschen hört man dieses Wort immer seltener. In den Nachbarsprachen zählt es hingegen zum gängigen Wortschatz. So heißt »Windstoß, Schauer« im Niederländischen *vlaag*, im Dänischen gibt es *flage*. Auch das englische *flaw* »Stoß, Riss« gehört hierher.

Übertragen wird *Flaag* am häufigsten gebraucht für eine zu erwartende Bestrafung: *Oha, dat gifft wedder en Flaag!* Dabei bleibt unklar, ob es sich um eine Schelte, eine Ohrfeige oder gar um eine körperliche Züchtigung handelt. Bei *Flaag* schwingt also stets etwas Unkalkulierbares und etwas Bedrohliches mit. Über ein Kind, dem ein entsprechendes Gewitter droht, heißt es etwa: *Dor schall he nu sien Flaag för kriegen!*

Übrigens: Was *flagenwies* kommt, tritt in Intervallen auf. Und einem, der sich launisch wie das Wetter zeigt, sagt man nach: *De hett maal wedder sien Flagen.*

gediegen *Dat is doch gediegen!* Wer auf Platt seine Verwunderung zum Ausdruck bringen möchte, der greift gern auf das Wort *gediegen* zurück. Das gilt für Dinge und Sachverhalte, vor allem aber für Menschen, sofern sie als merkwürdig, seltsam oder sonderbar charakterisiert werden sollen: *De is so'n beten gediegen.*

Damit steht das Plattdeutsche in deutlichem Gegensatz zum Hochdeutschen, wo *gediegen* positiv besetzt ist und sich vor allem auf wertvolle Gegenstände bezieht. So versteht man auf Hoch unter einem *gediegenen Auto* eher eine edle Luxuslimousine, während man ein klappriges, vielleicht buntes Gefährt, über das man sich belustigt, mit dem plattdeutschen Ausdruck *gediegen Wagen* bedenkt.

Seinen Ursprung findet *gediegen* in Formen, die zu *gedeihen* gehören. Von hier erklärt sich auch das noch im Mittelalter übliche Bedeutungsspektrum: »ausgewachsen, fest, dürr«. Bezogen auf menschliche Eigenschaften bezeichnete man im Althochdeutschen mit *gidigan* die Vollkommenheit des Helden. Noch im 18. Jahrhundert verstand man unter einem *gediegenen Mann* eine Persönlichkeit, die es zu etwas gebracht hat.

Auf Platt schwingen Ungewissheit und Fragwürdigkeit mit, etwa in: *Dat kümmt mi gediegen vör.* Ähnliches gilt für die Verbindung von *gediegen* mit Tätigkeitswörtern. *Dat smeckt aver gediegen* dürfte kaum geeignet sein, ein Leibgericht zu beschreiben. Und wenn es in einem Zimmer *gediegen rüken deit*, sollte man schleunigst die Fenster öffnen.

Übrigens: Wieso sich die Bedeutung von *gediegen* vor ungefähr 150 Jahren gewandelt und wieso sich diese nur im Plattdeutschen und in der norddeutschen Umgangssprache durchgesetzt hat, lässt sich heute nicht mehr nachvollziehen: *dat is en ganz gediegen Kraam.*

gries

Dor laat ik mi kene griesen Hoor üm wassen! So spricht ein Zeitgenosse, der alle Unannehmlichkeiten und Anfechtungen des Alltags gelassen auf sich zukommen lässt. Das Bild der grauen Haare steht hier für

Kummer und Trübsal, daneben kann es sich bekanntlich auf ein hohes Lebensalter beziehen. Von einer langwierigen Sache heißt es entsprechend: *Dor kannst oolt un gries bi warrn.*

Verwandte von *gries* finden sich etwa im niederländischen *grijs*, aber auch im *Grizzly-Bären*. Dazu gibt es viele Formen in den romanischen Sprachen. So steht französisches *gris* neben spanischem *gris* und italienischem *grigio* – auf diese Weise ist *gries* eben auch in der Bezeichnung für den Modewein *pinot grigio* enthalten.

Für den matt-milchigen Farbton sagt man auf Platt neben *gries* auch *grau*. Hier sind beide Wörter austauschbar. Das gilt aber nicht für die anderen Bedeutungen von *gries*. So kann *gries* auch »schmutzig« heißen: *dat ganze Huus is gries un grimmelig*. Ebenso ist *gries* auf menschliche Empfindungen übertragbar: Wird es jemandem auf Hoch »zu bunt«, so wird es dem Plattdeutschen *to gries*. Und von einem übel gelaunten Menschen sagt man: *De hett 'n Griesen.* Hierzu gehören auch die bildhaften Bezeichnungen für »nörgeln«: *griesmulen* oder *begriesmulen*.

Häufig verwendet wird *gries* in einer Bedeutung, in der die ursprüngliche graue Farbe kaum noch durchscheint. Von jemandem, der es faustdick hinter den Ohren hat, sagt man: *He is 'n ganzen Griesen*. Dieses *gries* ist mit »gerissen, abgebrüht, hinterhältig« zu übersetzen.
Übrigens: Auch im Althochdeutschen kannte man noch *gris* für »grau«. Heute findet sich eine letzte Spur im *Griesgram*. Und der passt nun wieder ausgezeichnet zum nebligen Novemberwetter, von dem es heißt: *Dat blifft allens gries*.

högen

Wat hebbt wi uns höögt! – Nach einer gelungenen Feier erklärt sich diese Aussage von selbst. Im Vergleich mit dem Hochdeutschen fällt allerdings das Wort *högen* auf. Zwar wird man es aufgrund des eindeutigen Zusammenhangs unschwer als »amüsieren, vergnügen« übersetzen können, doch eine Verbindung zu verwandten hochdeutschen Wörtern ist auf Anhieb nicht zu erkennen.

Bis vor hundert Jahren war für »Freude, Festlichkeit« das Wort *Höög* allgemein im Plattdeutschen verbreitet, wobei jegliche Art der Festivität mit *Höög* bezeichnet wurde, von der Vereinsfeier bis zum rauschenden Fest. Seither ist ihr Gebrauch rückläufig, und zwar zugunsten von *Spaaß, Freid, Vergnögen* und anderen Formen, die von hochdeutschen Vorbildern abgeleitet wurde – *den een sien Jammer is den annern sien Höög.*

Im Hochdeutschen selbst ist das Wort seit rund 500 Jahren ausgestorben, das gilt für das Hauptwort ebenso wie für das Tätigkeitswort. Sehr lebendig sind beide hingegen in benachbarten Sprachen. So sind *heug* und *heugen* auch im Niederländischen gebräuchlich. Und wenn man im Nordfriesischen *dåt höögt me* sagt, bringt man damit seinen Gefallen zum Ausdruck.

Übrigens: Zumeist drückt *högen* eine innere Freude aus. Wer still-vergnügt ist, *de höögt sik een.* Und wer sich diebisch freut, *de höögt sik as 'n Stint.*

Kassbeer

Swatte Kassbeern, dicke swatte hatte Kassbeern, all sööt un gesund! Wenn im Juli der stimmgewaltige Händler auf dem Wochenmarkt sein saisonfrisches Obst anpreist, dann genießen Kirschen höchste Priorität. Dabei ist heute die Form *Kassbeer* nur noch selten zu hören; in den meisten Gegenden wurde sie durch die hochdeutsch beeinflusste *Kirsch* ersetzt.

Das *-beer* am Wortende klassifiziert die plattdeutsche Kirsche jedenfalls als Beerenfrucht und stellt sie in eine Reihe mit *Bick-*, *Brummel-*, *Eerd-*, *Fleder-*, *Johanns-* oder *Stickbeern.* Für diese Zuordnung könnte die Größe oder der saftige Wohlgeschmack verantwortlich sein.

Tatsache ist, dass sich aus der mittelalterlichen *kerse* eine *Kersebeer* entwickelt hat. Der weitere Lautwandel folgt dann den üblichen Gesetzmäßigkeiten: das unbetonte *-e* im Auslaut fällt aus: *Kersbeer.* Dann wandelt sich der *e-* oder *i-*Laut vor *r* häufig zu *a*, wie in den Wortpaaren *Berg – Barg* oder *Kirche – Kark*, so dass *Karsbeer* entsteht. Und schließlich bewirkt das *r* in vielen Fällen keine Dehnung des vorausgehenden Lautes, sondern eine Kürzung (wie in *kurz – kott* oder *schwarz – swatt*). Fertig ist die *Kassbeer.*

Übrigens: Bei Rätseln spielt es keine Rolle, ob *Kassbeer* oder *Kirsch* gesagt wird. Hier kommt es ganz einfach auf die richtige Lösung an: *Root is mien Rock, gröön is mien Stock, Steen is mien Hatt. Wat is dat?*

Kiel

Een Week in't Johr warrt Kiel to'n Stadt! Nach diesem wenig schmeichelhaften Urteil zeigt sich städtisches Treiben in der schleswig-holsteinischen Hauptstadt allein in der Kieler Woche. Dann strömen Wassersportler und Vergnügungssüchtige in großen Massen an die Förde, so dass sich die Einheimischen in diesem bunten Trubel deutlich in der Minderheit befinden: *denn finnst meist keen Kieler in Kiel.*

Wer sich aber wegen des maritimen Ambientes zu der Annahme verführen lässt, der Ortsnamen *Kiel* und der *Schiffskiel* wären gleichen Ursprungs, sieht sich getäuscht. In mittelalterlichen Urkunden ist von der *stadt tom kyle*

die Rede, von der Stadt an der keilförmigen Bucht also. *Kiel* ist demnach direkt nach der Förde benannt.
Bereits im Altisländischen ist *kill* als »schmale Bucht, langer Seearm« bekannt, dem eine Wortgruppe mit der Grundbedeutung »spalten, aufbrechen« zu Grunde liegt. Hieraus ist der niederdeutsche *Kiel* ebenso hervorgegangen wie die hochdeutsche Entsprechung *Keil*. Das Gerät zum Spalten ist etwa in die Umschreibung des Schneeball-Effekts eingegangen: *Een Kiel drifft den annern*. Aber auch Maximen des menschlichen Verhaltens lassen sich mit diesem Bild treffend ausdrücken: *Op'n graven Klotz höört en graven Kiel*.
Anders verhält es sich beim Grundbalken von Schiffen. Vor rund 600 Jahren schrieb man in Niederdeutschen *kil* oder *kel*, im Schwedischen ist *köl* heute ebenso gebräuchlich wie *keel* im Englischen. Diese Wörter gehören im Sinne von »Hals, Geschwungenes« zur hochdeutschen *Kehle*. Dieser *Kiel* hat Eingang in verschiedene seemännische Sprachbilder gefunden, etwa in die Drohung: *Pass op, dat ik di nich kielhaal!* Und von einem wenig eigenständi-

gen Menschen heißt es: *De swimmt immer in't Kielwater vun sien Vörmann.*
Übrigens: Nach zehn Tagen findet auch die längste Kieler Woche ihr Ende. Dann sind die Fördestädter wieder unter sich. Und ziehen wie eh und je den Spott der Nachbarn auf sich: *Kieler Sprott halv verrott. Kopp un Steert is ok nix weert.*

kleien

Wat hest du wedder in'n Matsch kleit! Wenn Kinder vom Spielen nach Hause kommen, sind Mütter oft im Zweifel, ob sie dem unbändigen Bewegungsdrang der Kleinen uneingeschränkt Respekt zollen sollen, zumal er unverkennbar seine Spuren auf der Kleidung hinterlassen hat. Dabei fasst *kleien* unterschiedliche Tätigkeiten zusammen, bei denen sich jemand beschmutzt. So erhält die Ausgangsbedeutung »kratzen« zumeist einen negativen Beiklang, etwa, wenn ein Mensch mit langen Fingernägeln so charakterisiert wird: *De kann sien Grootmudder ut de Eer kleien.*

Die Herkunft von *kleien* ist nicht vollständig geklärt. Vieles deutet darauf hin, dass *kleien* zum hochdeutschen Wort *Klaue* zu stellen ist, aus dem dann die Bedeutung »mit den Nägeln kratzen« abgeleitet wurde. Von hier konnten sich so unterschiedliche Bedeutungen wie »unleserlich schreiben« und »Gräben ausheben« entwickeln.

Oft wird *kleien* verwendet, um menschliches Verhalten auszudrücken: *Se bitt un sleit un kleit* sagt man von einer wehrhaften Frau. Und dass partnerschaftliches Miteinander im Laufe der Zeit Wandlungen unterliegt, beschreibt: *Ole Lüüd kleit sik, junge Lüüd eit sik*. Gerade in der Wendung *eien un kleien* zeigt sich aber auch, dass *kleien* nicht nur das schmerzhafte Kratzen meint, sondern dass es auch ein wohliges »Kraulen« ausdrücken kann: *Mariken, laat di strieken, laat di eien, laat di kleien.*

Übrigens: Am häufigsten hört man *kleien* heute in derben Zurückweisungen. *Klei di an de Fööt* ist dabei die freundliche Variante. Die deftigere Version für »Du kannst mich mal …« ist aber immerhin schon seit 1661 belegt: *Klei di an'n Mors!*

Klöör

Wat hett he för 'n slechte Klöör! Dass die Gesichtsfarbe Aufschluss über den Gesundheitszustand eines Menschen gibt, ist allgemein bekannt. Dabei steht im Niederdeutschen *frische* und *rode Klöör* im Gegensatz zu *bleek* oder *wittsnutig*. Ein buntes Kleid kann man gern auch als *klörig* bezeichnen.

Die lautliche Nähe verrät, dass das plattdeutsche Wort *Klöör* aus dem französischen *couleur* hervorgegangen ist. Diese Übernahme erfolgte allerdings nicht erst während der Franzosenzeit vor rund 200 Jahren, vielmehr zeigen sich erste Spuren schon im Mittelalter. Im 16. und 17. Jahrhundert kannte man *Klöör* bereits in vielen norddeutschen Gegenden, und man passte es den mundartlichen Verhältnissen an. Neben *Klöör* kann man heute etwa *Kalöör* oder *Kolüür* hören.

Vor allem als Spielkartenfarbe ist *Klöör* auch heute noch gebräuchlich. *Dör de Klöör steken, gellt nich* ist eine Regel, die jedem Skatspieler geläufig ist. *Dat is mien Klöör* darf entsprechend als triumphierender Kommentar verstanden werden. Über die Bedeutung »passlich, nach meiner Fas-

son« fand das Wort dann auch Eingang in weitere Lebenszusammenhänge. So bezieht sich die Aussage *Rootwien is nich mien Klöör* keineswegs auf die Farbe, sondern auf den Geschmack.
Übrigens: Für *Klöör* kann man in den meisten Fällen auch *Farv* verwenden. Allerdings gibt es einige feste Wendungen, die nur eine Form zulassen, etwa für die Warnung »komme mir nicht zu nahe«: *Kumm mi nich an de Farv!*

Knööf

Eet man fix to, dat du Knööf kriegen deist! Dass Körperkraft nicht von allein kommt, weiß jeder Sportler. Dabei denken wir heute vor allem an muskelbildende Trainingsprogramme in Fitness-Centern und Sportvereinen, während noch vor wenigen Jahrzehnten die körperliche Arbeit ganz im Vordergrund stand. Wer *Knööf* entwickeln sollte, musste auf gute Ernährung achten: *Brootknuust gifft Knööf.*
Geläufig ist das Wort *Knööf* in Schleswig-Holstein, Hamburg und im Norden Mecklenburg-Vorpommerns. Woher

es allerdings kommt, ist weitgehend unklar. In der Sprachforschung gilt die ganze Wortsippe um *kn-* (etwa: *Knauf*, *Knopf*, *Knolle* bis hin zu *kneifen*) als recht unübersichtlich. Auffällig ist, dass *Knööf* ein junges plattdeutsches Wort ist: der früheste Beleg stammt aus dem Jahr 1755. Man könnte das Wort zu *Knevel* stellen, das schon im Mittelalter nicht nur »Knöchel«, sondern auch »starker Kerl, Flegel« bedeutete. Eine andere Deutung nimmt die geografische Verbreitung von *Knööf* auf: im älteren Dänisch gibt es das Eigenschaftswort *knov*, es steht für »nett, tüchtig, rasch« und gehört im weitesten Sinne zu *knapp* und damit auch zu *kniepen*.

Wie dem auch sei. *Baas is, de de meisten Knööf hett* – so fordert der Volksmund das Recht des Stärkeren ein. Wird jemand als *knöveligen Keerl* beschrieben, so nötigt das Respekt und Anerkennung ab. Wenn es allerdings heißt: *de knövelt den ganzen Dag*, dann schwingt Kritik an einem Lebensstil mit, dem Muße und Entspannung fremd sind.

Übrigens: Für *Knööf* kann man auf Platt auch *Murr* oder

Kraft sagen. Wobei *Knööf* nur für körperliche Kräfte steht und eine Übertragung auf Geisteskräfte ausgeschlossen ist: *De hett bannig Knööf in de Arms, man wat hett he in 'n Kopp?*

Kööm

Kööm un Beer smeckt na mehr! Der Zuspruch zu alkoholischen Getränken ist heutzutage zwar nicht ungeteilt, aber eine Feier ganz ohne geistige Begleitung können sich nur wenige vorstellen. Dem Wort *Kööm* kommt dabei eine zentrale Rolle zu, bezeichnet es doch ganz allgemein jede Art von Branntwein, vor allem den typisch norddeutschen Korn, von dem Eingeweihte wissen: *In Kööm versuupt mehr Minschen as in Water.*

Vermutlich ist *Kööm* auf das semitische Wort *kamoon* zurückzuführen. Im Griechischen finden wir es als *kyminon* und im Lateinischen als *cuminum*. Die Verwandtschaft mit dem deutschen *Kümmel* ist augenscheinlich, wobei hier zunächst der Doldenblütler und das aus seinen ge-

trockneten Früchten gewonnene Gewürz gemeint sind. Um Missverständnissen vorzubeugen, spricht man auf Platt vom *drögen Kööm*, der in früheren Zeiten gern aufs Brot gestreut oder ins Brot hineingebacken wurde.
Weil *Kööm* in flüssiger Form und im Übermaß genossen Katastrophen auslösen kann, eignet sich das Wort hervorragend für feste Wendungen und Lebensweisheiten. Und die lassen an Deutlichkeit nur wenig zu wünschen übrig: *Is de Kööm in den Mann, is de Verstand in de Kann*. Von der nächsten Phase heißt es resignativ: *Den höllt bloots noch de Kööm an't Leven*. Schließlich aber weiß die Nachwelt: *De Kööm hett em ünner de Eer bröcht*.
Übrigens: in zahlreichen Zusammensetzungen mit *Kööm* klingen Sucht, Elend, Krankheit und Mitleid an. So nennt man den Trinker *Köömbroder, Köömbütt, Köömkopp* oder *Köömnees*; abschätzig bezeichnet man eine Kneipe als *Kööminsel* oder *Köömglitsch*. Und ein Schnaps mit ausgesprochen schneller und nachhaltiger Wirkung lässt sich treffend mit *Knallkööm* umschreiben.

kregel *Beter lütt un kregel as 'n groten Flegel!* Die Vorzüge kleiner beweglicher Zeitgenossen gegenüber unbeholfenen Grobianen werden in zahlreichen bildhaften Wendungen thematisiert. Dabei beschreibt *kregel* das äußerliche Erscheinungsbild eines Menschen: »munter, lebhaft, frisch, lustig«. Nach einer Krankheit drückt *kregel* eine positive Entwicklung aus und bezieht sich auf einen erfreulichen Gesundheitszustand: *Uns Opa is wedder ganz kregel.*

Der Ursprung von *kregel* ist nicht völlig geklärt. Vermutet wird ein Zusammenhang mit *kriegen*, dessen ursprüngliche kriegerische Note heute völlig verblasst ist. Eine parallele Bedeutungsabschwächung erfuhr auch *kregel*, das im Mittelalter noch »kampfbereit, kampfeslustig« bedeutet hatte.

Gern wird *kregel* in Zwillingsformeln verwendet: *Wat is de Deern frisch un kregel.* Die Aussage erfährt eine Verstärkung durch die Kombination zweier ähnlicher Eigenschaften. Auffällig ist, dass *kregel* dabei immer den Schluss- und Höhepunkt setzt. So auch in *quick un kregel, krall un kregel, wach un kregel* oder *fidel un kregel.*

Übrigens: *kregel* ist durchaus auch in die norddeutsche Umgangssprache eingedrungen, wo es vor allem der Charakterisierung temperamentvoller Kinder dient. So heißt es auf Platt von einem besonders lebhaften Jungen: *De is kregel as 'n Swiensteert.*

leeg

Dat harr noch leger kamen kunnt! Wer in einer trostlosen Lage Optimismus verströmen möchte, der greift im Plattdeutschen gern zu dieser Aussage. Denn so *leeg*, so schlimm, kann es kaum sein, als dass man sich nicht noch eine weitere Steigerung vorstellen könnte. Doch auch der Pessimist bedient sich mit Vorliebe dieses Wortes. Er spricht pauschal von *legen Kraam* und *legen Tieden*, bei den Mitmenschen handelt es sich um *lege Lüüd*, und überhaupt: *Dat geiht narms leger to as in de Welt.*
Das Wort *leeg* weist eine weite Bedeutungsspanne auf. Es gehört ursprünglich zu »liegen« und müsste mit »daniederliegend« übersetzt werden. Zunächst ist also »niedrig, flach« gemeint. So bezeichnete im Mittelalter *leech water*

den tiefsten Stand der Ebbe. Diese Bedeutung hat sich am besten in *Legerwall* erhalten, was eigentlich »niedriges Ufer« heißt. Doch jeder Segler weiß, dass damit Land gemeint ist, auf das der Wind steht: hier droht eine Strandung. Das konkrete Ufer ist in diesem Bild verblasst und damit ist das Wort übertragbar geworden. *He sitt in Legerwall* lässt sich somit auf die Gesundheit ebenso beziehen wie auf seelische oder wirtschaftliche Nöte.
Heute vermittelt *leeg* vor allem negative Wertungen des Verhaltens: Als *lege Krööt* bezeichnet man eine hinterhältige Frau. Und wenn von jemandem gesagt wird: *Dat is en ganzen Legen*, ist auf ihn wahrlich kein Verlass. Daneben benutzt man *leeg* auch bei Krankheiten oder Verletzungen: *Wat süht he leeg ut* deutet auf eine elende Erscheinung, und konkret kann es heißen: *Ik heff en legen Finger.*
Übrigens: im westlichen Niedersachsen kennt man nicht *leeg*, sondern *leep* – ein Wort, das auch im Niederländischen vorkommt. Doch auch angesichts einer solchen Vielfalt weiß man sich zu trösten: *Dat is man halv so leeg as wenn't noch maal so leeg weer.*

Mett

De angeln will, mütt Metten söken! Dass vor dem Vergnügen nur zu oft eine unangenehme Mühsal steht, bekunden Redensarten in etlichen Sprachen: Ohne Fleiß kein Preis! Diese Aussage gilt selbstverständlich auch für den Angler, der sich bekanntlich zunächst mit Ködern versorgen muss. Der wahre Fachmann also gräbt nach dem Regenwurm, und den nennt man auf Platt je nach Region: *Mett, Mettj, Möck, Merrig, Maddik, Mattk* oder ähnlich.

Die Herkunft von *Mett* erschließt sich am besten über die mit *a* geschriebenen Formen. Von hier aus ist leicht nachvollziehbar, dass es sich beim plattdeutschen Regenwurm um nichts anderes als eine »Made« handelt. Das *e* oder *ö*, das heute vorherrscht, ist dabei als Umlaut zu dem ursprünglichen *a* aufzufassen.

Angesichts des Wetters in der norddeutschen Tiefebene galten *Metten* lange Zeit als ständige Begleiter des Menschen, entsprechend häufig finden sich die kleinen Schlängeltiere in Redewendungen und Sprichwörtern: *Hett allens sien Wetenschaft, sä de ool Fro, dor bunn se den Schoh mit en Mett to*. Und wenn es von jemandem heißt, er könne *Metten in de Eerd schreen hören*, dann hört er, bildlich gesprochen, das Gras wachsen.

Übrigens: Verwirrung stiftet oft die Tatsache, dass das plattdeutsche *Mett* zwei weitere Bedeutungen aufweist. Denn die *Mettwust* hat ihren Namen keinesfalls von der Form des Regenwurms, sondern von einem alten Wort für »Fleisch«. Noch anders verhält es sich beim *Mettensommer.* Hier stand nämlich der weibliche Vorname *Meta* bzw. *Margarethe* Pate. Ebenso wie in einigen Orts- und Flurnamen, etwa: *Mettenhof*, *Mettenbarg* und *Mettenwarf*.

Moors

Hummel Hummel – Moors Moors! Egal, auf welchem Erdteil ein Hamburger geoutet wird – er entgeht nicht dem Ritual, bei dem der Anruf eine postwendende Antwort verlangt. Dabei bleibt es dem Angesprochenen überlassen, ob er *Mors* auf seinen eigenen Hintern bezieht, oder ob er dahinter eher ein allgemeines Schimpfwort vermutet, etwa frei nach dem Götz-Zitat: *Klei mi an 'n Moors.*

Außergewöhnlich an dem Wort *Moors* ist, dass man seinen ersten Buchstaben einfach weglassen kann. Schließlich bezeichnet auch *Oors* den Hintern: *Wenn't Unglück wesen schall, kann man den Finger in'n Oors afbreken.* In *Oors* ist außerdem die Verwandtschaft zum hochdeutschen *Arsch* augenfällig, ebenso wie zu Wörtern in benachbarten Sprachen. Man denke an englisch *arse*, schwedisch *ars* oder niederländisch *aars.*

Vor diesem Hintergrund stellt sich die Frage nach der Herkunft des *M* in *Moors.* Es handelt sich dabei um ein Relikt eines Wortes, das dem *Oors* häufig vorausging, wie *am, im* oder *dem.* Demnach ist *Moors* eine zusammengezogene Form aus *dem* und *Oors*, wobei das unbetonte *de-* später ausfallen konnte. Und wenn es im Ostpreußischen *Noarsch* heißt, dann lässt sich diese Form ebenso aufzulösen, nämlich als altes *den Oors.*

Die reiche Bildhaftigkeit des plattdeutschen *Moors* bleibt zumeist handfest an den menschlichen Körper gebunden.

De sünd een Kopp un een Moors heißt es von unzertrennlichen Freunden, und von einem Unbeholfenen sagt man: *Wat he mit de Hannen opstellt, smitt he mit den Moors wedder üm.*
Übrigens: Das symbolträchtige *Hummel Hummel – Moors Moors* verdanken die Hamburger Johann Wilhelm Bentz, der in der ersten Hälfte des 19. Jahrhunderts als Wasserträger seinen Dienst tat. Oft wurde er von Straßenjungen gehänselt, und sicher hätte er, um die Bengel zu erwischen, gern einmal *den Moors in de Hand* genommen. Weil er das aber nicht schaffte, konnte er zum Original werden.

opsternaatsch

Wat hett de Jung för 'n opsternaatschen Kopp! Einem Menschen, der als *opsternaatsch* charakterisiert wird, wird man kaum vorwerfen können, harmoniesüchtig zu sein. Das Wort wird im Plattdeutschen oft gebraucht, was wohl weniger darauf zurückzuführen ist, dass die Menschen im

Norden besonders aufsässig oder störrisch wären. Die Ursache für diese Beliebtheit dürfte eher darin liegen, dass *opsternaatsch* einen ganz eigenen Klang entwickelt, der vielen besonders bodenständig erscheint.
Doch weit gefehlt. Denn typisch Platt an *opsternaatsch* ist allenfalls das *-sch* am Wortende. Das kennzeichnet bekanntlich Eigenschaftswörter, man denke an *füünsch, vigeliensch* oder *dwatsch*. Der Rest aber gehörte ursprünglich der Bildungssprache an, sogar der Duden verzeichnet das Fremdwort *obstinat*, welches auf die lateinische Form *obstinatus* zurückgeht. Schon bei den Römern hatte sich zur Ausgangsbedeutung »fest, entschlossen« mit »beharrlich, hartnäckig« eine leicht kritische Komponente gesellt. Anwendung findet *opsternaatsch* fast ausschließlich auf lebendige Wesen, auf Haus- und Nutztiere ebenso wie auf Menschen. Sind Pferde oder Kühe *opsternaatsch*, so wird der Besitzer viel Mühe mit ihnen haben. Auch kennt jeder Nachbarn oder Arbeitskollegen, die sich ein Leben ohne gehässiges Widerwort nicht vorstellen können: *Wat is de opsternaatsch un krötig!*

Übrigens: Weil den Plattsprechern die Herkunft von *obsternaatsch* aus dem Lateinischen fremd war, haben sie auf vielfache Weise versucht, das Wort mundgerecht anzupassen. Die Bandbreite der Ergebnisse ist beachtlich. Sie reicht von *upsternootsch* und *obstronaatsch* über *upstinoosch* und *obstrinaatsch* bis hin zu *opstranaatsch* und *opsternaaksch*.

Pogg

Wenn de Poggen quarkt, gifft't annern Dag goot Wedder! Dass Frösche wetterfühlig sind, ist weithin bekannt. Im Plattdeutschen ist das Wort *Frosch* allerdings nahezu unbekannt; hier spricht man von *Pogg* oder *Puch*, wobei die Aussprache in jeder Gegend ein wenig unterschiedlich ausfällt. Die *Pogg* ist weiblich, vereinzelt finden sich allerdings auch männliche Formen – wohl nach dem hochdeutschen Vorbild.

Zurückführen lässt sich *Pogg* auf eine Form *bu*, die sich in der Bedeutung »schwellen« auch in Wörtern wie Bauch, Beule oder Busen zeigt. Bereits im Mittelalter hieß der niederdeutsche Frosch *pogge*, die Kröte nannte man *padde* und die Unke *utze*. Doch die wenigsten vermögen heute zwischen diesen Amphibien zu unterscheiden, so dass vielfach *Pogg* für all diese Arten gilt. Daneben hört man *Poggüüz*, mit der Betonung auf der zweiten Silbe – eigentlich eine Kombination aus Frosch und Unke. Die schier unglaubliche Fülle weiterer Bezeichnungen kann hier nur angedeutet werden: *Brettfoot, Quaducks, Kollucks, Quacker, Puustback*.

Gern greift das Plattdeutsche das Bild des wenig ansehnlichen Frosches auf. *Du hest woll Poggen freten*, so spricht man jemanden mit mürrischem Gesicht an. Der stolze Mensch *geiht as de Pogg in'n Maandschien*, und vom Unterkühlten heißt es: *De is koolt as 'n Pogg*. Will man einem anderen scherzhaft die Schuld in die Schuhe schieben, so bezichtigt man ihn: *De is dor Schuld an, dat de Poggen keen Hoor hebbt*. Nur dem hochdeutschen »sei kein Frosch« verweigert sich die *Pogg* standhaft.

Übrigens: Bevor der Frosch zum Frosch wird, durchläuft er als *Poggensteert* das Stadium der Kaulquappe. Der *Pog-*

genstohl hingegen steht im Plattdeutschen für »Pilz«, ähnlich wie im Englischen, wo größere Pilze *toad stool* genannt werden, was wörtlich mit »Krötenhocker« zu übersetzen wäre.

Putzbüdel

Du müttst woll maal wedder na'n Putzbüdel! In Zeiten, in denen die meisten traditionellen Berufe existenziell bedroht sind, erfreut sich der Friseur großer Beliebtheit. Und zwar für Mann und Frau, wobei das Wort *Putzbüdel* zunächst auf den eher männlichen Kurzhaarschnitt bezogen ist und allenfalls noch das Bartscheren einschließt. Die modebewusste Damenwelt hingegen bevorzugt den Besuch eines Beauty Studios, wo sie der elegante Coiffeur oder der Hair Stylist empfängt.

Ursprünglich benennt der *Putzbüdel* einen kleinen schwarzen Beutel, in dem der Barbier sein Rasierzeug bewahrte, mit dem er von Markt zu Markt zog. Dabei kümmerte man sich nur am Rande um das Haupthaar – die größte Aufmerksamkeit galt dem Bart. Der Mann ließ sich *balberen* oder *den Boort schrapen*.

Im Plattdeutschen kennen wir eine Vielzahl von Personenbezeichnungen, die auf *-büdel* enden. Die schier unerschöpfliche Palette reicht vom *Dibber-* über den *Quark-* und *Tüün-* bis hin zum *Schietbüdel*. Diese Wörter wurden nach der Vorstellung gebildet, der menschliche Körper wäre ein Gefäß, das mit charakteristischen Merkmalen angefüllt ist. Neben dem *Büdel* finden sich in dieser Rolle als Persönlichkeitsbehälter auch *Fatt*, *Sack* oder *Tasch*, etwa in *Snackfatt*, *Suupsack* oder *Sabbeltasch*.

Übrigens: für den modernen Friseur ist der eigentliche *Putzbüdel* längst entbehrlich geworden, zumal Kamm, Schere, Wetzstein und Rasiermesser nicht mehr transportiert werden müssen. Als Ort der Verschönerungsmaßnahme dient auch nicht mehr der Marktplatz oder die heimische Küche, sondern der *Salon Putzbüdel*.

püük

Wat süht de Deern wedder püük ut! – Unüberhörbar schwingt in diesem Satz wohlwollende Anerkennung für ein hübsches, adrettes Mädchen mit. Dabei setzt *püük* voraus, dass sie sich fein zurechtgemacht hat: *se hett sik püük maakt.* Dies mag dezent geschehen, durchaus kann aber auch eine vornehme Note ins Spiel kommen. Aber nicht nur auf Menschen lässt sich *püük* beziehen, sondern ebenfalls auf Gegenstände, die einen ordentlichen und gepflegten Eindruck hinterlassen: *Huus un Hoff – allens püük.*

Wahrscheinlich ist *püük* im Mittelalter aus dem Niederländischen ins Plattdeutsche übernommen worden, und zwar zunächst als Qualitätsbezeichnung für Waren. So verstand man unter *puuck leder* eine Ledersorte erster Wahl. Nach dieser Deutung wäre *püük* auf *picken* und *puken* zurückzuführen, die beide mit »auswählen, herausholen« zu übersetzen sind. Hieraus wäre *püük* als »auserlesen« leicht abzuleiten. Verwandt mit den plattdeutschen *püük* sind das niederländische *puik* und das westfriesische *pük.*

Das Wort *püük* hat auch seinen Weg ins Hochdeutsche gefunden, allerdings erst in der zweiten Hälfte des 19. Jahrhunderts. Seither kennt die Umgangssprache *piekfein* zur Kennzeichnung ganz besonders vornehmer Menschen oder Dinge sowie *pieksauber* für »besonders sauber«. Die ursprüngliche Bedeutung ist hier bereits verblasst; *piek-* dient hier einzig der Steigerung von *fein* und *sauber*. Übrigens: Auf ähnliche Ansätze dieses Bedeutungsverlustes verweisen im Plattdeutschen Doppelformeln wie in: *Dor weer allens püük un sauber.* Und von einem adretten Junggesellen kann es durchaus heißen: *Wat hett de Jung sik wedder püük un propper antrocken.*

Quiddje

Wi snackt hier hooch, dat uns de Quiddjes ok all verstahn köönt! Für viele Norddeutsche ist die Beherrschung der plattdeutschen Sprache ein untrügliches Indiz für Zusammengehörigkeit. Sprache stiftet Heimat und gemeinsame Sprache adelt: *Platt, dat köönt de Quiddjes gor nich verstahn.* Die Kehrseite einer solchen Sichtweise ist die Ausgrenzung. Wer als *Quiddje*

gilt, gehört nicht dazu, so wie die *Quiddjes ut Bayern un Sachsen.*
Das Wort *Quiddje* ist erst seit rund 150 Jahren im Plattdeutschen verbreitet. Es gilt fast ausschließlich in Hamburg, wo man Fremde auch gern pauschal als *Quiddjes* abstempelt. Ob *Quiddje* aus dem mittelniederdeutschen Wort *queden* für »sprechen« herzuleiten ist und sich über ostfriesisches *quidden* »schwätzen, plaudern« ausgebreitet hat, bleibt dunkel. Belegt sind hingegen unterschiedliche Lautformen wie *Quittsche* oder *Quietscher.*
Nicht selten wird dem *Quiddje* unterstellt, er tue vornehm. So diente das Wort zu Beginn des 20. Jahrhunderts den Volksschülern als Bezeichnung der Gymnasiasten: *He weer de gröttste Streber in de Klass un en bannigen Quiddje dorto.* Hier kommen Angeberei und Überheblichkeit ins Spiel, die auch zur Verwendung von *Quiddje* als Schimpfwort beigetragen haben: *Du dammlige Quiddje!*
Übrigens: Wer erkennbar Zugereister ist, wird leicht als *Butenlanner* oder *Butenminsch* abqualifiziert, als Auswär-

tiger eben. Wer aber Platt redet, ohne es zu können, heißt im Volksmund auch *Geelsnacker*. Er spricht nur *Quiddjeplatt* und muss sich fragen lassen: *Wat quiddjerst du dor bloots rüm?*

Schapp

De hebbt wat in't Schapp – so heißt es von wohlhabenden Menschen. Dabei wird mit dem *Schapp* konkret der Ort benannt, an dem die Reichtümer aufbewahrt werden. Doch auch andere Nutzungsmöglichkeiten für *Schappen* sind bekannt, etwa als *Bessen-*, *Bett-*, *Broot-*, *Böker-*, *Buddel-*, *Eten-*, *Kleder-*, *Schoh-* oder *Tüüchschapp*. Während Wertgegenstände durchaus dauerhaft im *Schapp* lagern können, ist bei Lebensmitteln längeres Verweilen nicht anzuraten und entsprechend Vorsicht geboten. *Dat smeckt na't Schapp* jedenfalls verlangt nach raschem Verzehr.

Neben *Disch*, *Stohl* und *Bett* zählt das *Schapp* zu den wichtigsten Möbelstücken. Dieser Stellenwert für die Wohnqualität spiegelt sich nicht zuletzt darin, dass im 18. Jahrhundert norddeutsche Tischlergesellen als Meisterstück ein *Hamborger Schapp* abzuliefern hatten – einen großen, zweitürigen, mit Schnitzereien reich verzierten Kleiderschrank.

Die sprachlichen Vorläufer des *Schapp* lassen sich auf eine Wurzel *skab-* für »schaben, schnitzen« zurückführen. Im Altsächsischen kannte man das Wort *scap* für »Fass«, was noch auf die herkömmliche Bedeutung »etwas Ausgehöhltes« verweist. Hierzu gehören auch andere Gefäße und Hohlmaße wie *Scheffel* oder *Schoppen*. Im Mittelalter hat sich dann im Niederdeutschen für *schap* bereits die Bedeutung »Schrank« herausgebildet. Im Oberdeutschen bezeichnet man bis heute mit *Schaff* einen offenen Bottich.

Übrigens: unter hochdeutschem Einfluss macht sich auf Platt seit einigen Jahren der *Schrank* breit. Dessen ungeachtet eignet sich *Schapp* gerade auch für moderne technische Geräte, etwa als *Köhlschapp* oder *CD-Schapp.*

Sleef *Se hett den Sleef un dat Klütenkaken!* Die Rollen sind im traditionellen Haushalt klar verteilt: in der Küche hat die Frau das Sagen. Vornan steht die Zubereitung der Speisen, hier mit dem Bild des Kochens von Klößen trefflich zum Ausdruck gebracht wird. Der *Sleef* aber, der große hölzerne Kochlöffel, dient als markantes Zeichen der Küchenregentschaft.

Als Suppen, Breie und Grützen zu den Hauptgerichten zählten, kam dem *Sleef* unter den Küchengerätschaften eine zentrale Bedeutung zu. Diente er doch zum Umrühren und Auffüllen der Speise: *Op 'n groten Hoff höört ok 'n groten Sleef.* Später übertrug man das Wort auch auf die Kelle aus Metall.

Daneben hat sich bereits im Mittelalter eine zweite Bedeutung etabliert, die zunächst gar nicht in das Umfeld der Küche zu passen scheint. Mit *Sleef* bezeichnet man nämlich auch einen plumpen, ungeschliffenen Kerl: *Pass bloots op, du ole Sleef.*

Worin besteht nun die Parallele zwischen dem Grobian und dem Kochlöffel? Neben der Größe kommt sicherlich

die Tatsache zum Tragen, dass man als *Sleef* grobe und wenig behandelte Löffel verwendete. In der Charakterisierung »ungehobelt« zeigt sich diese Verbindung wohl am deutlichsten. Eine ähnliche Bedeutungsübertragung findet sich auch in dem hochdeutschen Wort *Flegel* – hier haben wir es mit einem Schlagholz zu tun und gleichzeitig mit einem widerspenstigen Menschen.
Übrigens: Dass in einigen Situationen beide Bedeutungen von *Sleef* anklingen, dürfte durchaus beabsichtigt sein. So ließ sich je nach der Betonung Unterschiedliches heraushören, wenn der Hausierer seine Waren mit den Worten feilbot: *Wöllt ji Sleven, ok Lepels?*

smöken

Sett di daal un smöök en Piep Toback! Auch wer nicht schwer arbeitet, wird einer solchen Einladung zur Pause gern nachkommen. Schließlich verkörpert der Pfeife rauchende Mann geradezu norddeutsche Ruhe und Ausgeglichenheit.
Sucht man ein hochdeutsches Wort, das mit *smöken* direkt

verwandt ist, so stößt man rasch auf *schmauchen*. In der Tat taucht *schmauchen* erst im 17. Jahrhundert im Hochdeutschen auf, und zwar in der Bedeutung »behaglich Pfeife rauchen«. Hundert Jahre später kommt mit *Schmöker* ein weiteres hochdeutsches Wort hinzu, das sich auf *smöken* zurückführen lässt. Wobei sich der *Schmöker* seine plattdeutsche Lautform zumindest teilweise erhalten hat. Dieses Wort wurde zuerst von Studenten für minderwertige Bücher gebraucht, deren Papier sich allenfalls zum Anzünden einer Pfeife eignet.

Das Wort *smöken* bezieht sich grundsätzlich auf jede Art des Tabakgenusses, etwa auch in der Scherzfrage: *Woto smöökt de Buer Zigarrn?* Wobei die Antwort natürlich lautet: *To Asch*. Ist kein Tabak im Spiel, so wird man im Plattdeutschen *smöken* meiden und eher von *roken* sprechen. Bei der traditionellen Konservierung von Fleisch und Fisch durch Räuchern heißt es entsprechend *rökern*, aber auch *smutten* oder *spicken*. Dies belegt der *Rökerfisch* ebenso wie der *Smutt-* und der *Spickaal*.

Übrigens: Längst hat man auch in Norddeutschland erkannt, dass Rauchen die Gesundheit gefährdet. Daher sollen demnächst die ersten Zigarettenpackungen ausgeliefert werden mit der Aufschrift: *Vun't Smöken kannst dootblieven.*

smuddeln

Dat smuddelt egaalweg! Kaum etwas ist typischer für Norddeutschland als das Wetter. Zumindest an der Küste fühlt man sich erst dann richtig wohl, wenn es *smuddelt*, wenn es aus einem milchig-grauen Himmel ganz leicht, aber anhaltend regnet. Zugereiste fröstelt oft schon bei dem Gedanken an dieses nasskalte Einerlei, und der eine oder andere lässt sich durchaus zu einem unwirschen Kommentar hinreißen: *Wi hebbt vun dat kole Smuddelwedder de Nääs vull – bet bavenhen.*

Mit *smuddeln* unmittelbar verwandt ist das hochdeutsche Wort *Schmutz*. Der gleiche Stamm findet sich im englischen *smut*, und zumindest vom dänischen *smuds* und vom schwedischen *smuts* heißt es, dass sie aus dem Deutschen

übernommen wurden. Als ursprüngliche Bedeutung gilt »fette, klebrige Masse«. Von hier führt eine Spur zum »Dreck«, eine andere zum »trüben, nasskalten Wetter«.
Vor allem im Eigenschaftswort *smuddelig* zeigen sich bis heute klar beide Bedeutungen. Neben *Buten is dat den ganzen Dag al smuddelig* steht *Wat süht dien Hemd wedder smuddelig ut*. Zusammensetzungen mit *Smuddel-* werden gern für Menschen verwendet, die durch ihr unsauberes Äußeres auffallen: *Smuddelfink, -lies, -peter, -putt, -trien*. In diese Reihe gehört auch der *Smutje:* der Schiffskoch, dem man in der Regel einen wenig gepflegten Umgang mit Lebensmitteln nachsagte.
Übrigens: das *-l-* in *smuddeln* entspricht dem Verkleinerungs-*l*, das wir auch im Hochdeutschen von Wörtern wie lächeln, köcheln oder frösteln kennen. Übersetzt man also *smuddeln* direkt, so kommt »schmutzeln« heraus. Bleiben wir lieber bei *smuddeln*, da wissen wir, was wir haben: *Smuddel, Matsch un Schiet höört to Hamborg as Reeperbahn un Jungfernstieg.*

Speeldeel

Wullt nich bi de Speeddeel mitmaken? Aktuell werden die meisten niederdeutschen Bühnen von Nachwuchssorgen geplagt. Auch in ländlichen Gegenden fehlt es vor allem an jüngeren Mitspielern. Vor hundert Jahren war das ganz anders. Denn plattdeutsches Theater erlebte nach Anfängen bei der *Speeldeel* um 1900 in ganz Norddeutschland in der Zeit nach dem Ersten Weltkrieg einen beachtlichen Aufschwung.

Gerade weil im plattdeutschen Kulturleben gern Anknüpfungen an Traditionen gesucht werden, ist auffällig, dass es sich bei dem Wort *Speeldeel* um eine Neuschöpfung handelt. Durchgesetzt hat sich das Wort nicht zuletzt dank seiner klanglichen Qualitäten: der Binnenreim auf *-eel* bindet die beiden Silben zu einem harmonischen Ganzen. Der vordere Teil von *Speel-Deel* verweist auf das Spielen im Theater. Der hintere Teil fängt das traditionelle Milieu ein: die Diele als mittlerer Raum des Bauernhauses, groß genug, um neben der Arbeit auch der Geselligkeit zu dienen.

Mit den Bühnen selbst fand auch das Wort rasch weite Verbreitung: von der *Plattdütsch Späldäl to Stralsund* über die *Büsumer* bis hin zur *Scharmbecker Speeldeel.* Eine frühe Bedeutungserweiterung erfuhr das noch junge Wort dadurch, dass die *Finkwarder Speeldeel* schon bald nach ihrer Gründung das Theaterspiel aufgab und sich dem Trachtentanz mit entsprechender musikalischer Begleitung zuwandte.

Übrigens: Die *Finkwarder Speeldeel* feierte im Jahr 2006 ihr 100-jähriges Bestehen: eine Folkloregruppe, die ihren Anteil daran hat, dass Platt auch in Süddeutschland und im benachbarten Ausland viele Sympathien entgegengebracht werden.

Steert

Du kannst dat dreihen as du wullt, de Steert is jümmers achtern. Dass der Schwanz, anatomisch gesehen, immer hinten sitzt, versteht sich von selbst. Aus dieser eindeutigen Lage erklärt sich auch, dass Tiere nur ungern zulassen, wenn man sich diesem Körperfortsatz nähert oder ihn gar zu ergreifen versucht. So heißt es, übertragen auf menschliches Verhalten, von einem, der kurz vor seinem Ziel scheiterte: *He meen al, he harr de Katt bi 'n Steert.* Nur von zwei sehr vertrauten Menschen sagt man, *se sünd een Kopp un een Steert.* Und im sprachlichen Bild wird sogar abstrakten Erscheinungen ein Schwanz angedichtet, etwa wenn es jemand darauf anlegt, *dat Glück bi'n Steert to kriegen.*

Mit *Steert* verwandte Formen finden sich etwa im englischen *start*, im niederländischen *staart* oder im schwedischen *stjärt.* Auch in älteren Sprachstufen ist das Wort geläufig, etwa als *stertr* im Altnordischen oder als *steort* im Angelsächsischen. Während sich *Steert* im Plattdeutschen allerdings fast überall durchgesetzt hat, existiert mit *Sterz* zwar schon früh eine hochdeutsche Entsprechung, die dann aber von *Schwanz* verdrängt wurde. In Mecklenburg und Vorpommern wird allerdings auch auf Platt *Swanz* bevorzugt, im Ostpreußischen kannte man den *Zagel.*

Vergleiche und Bilder aus der Welt der Haustiere werden gern genutzt, um menschliches Verhalten zu illustrieren. Eingebildet ist jemand, der *den Steert hooch driggt.* Und verängstigt ist derjenige, von dem es heißt: *He knippt den Steert twüschen de Been.* Mit *Wippsteert* schließlich bezeichnet man einen unruhigen Zeitgenossen – aber auch die Bachstelze hört im Plattdeutschen auf diesen Namen.

Übrigens: *Steert* bezeichnet auch zahlreiche Gegenstände: etwa den Handgriff am Pflug oder den hinteren Teil des Fischernetzes. Immer wenn das Aussehen oder die Lage eine Analogie nahelegen, lässt sich behaupten: *Dat passt tosamen as de Steert mit den Hund.*

Stuten

De Tannenbööm gaht weg as warme Stuten! Hocherfreut zeigen sich die Straßenhändler in der Adventszeit: die Kauflust der Menschen ist ungebremst, die Kasse klingelt engelsgleich. Wo das Hochdeutsche das Bild der berühmten *warmen Semmeln* bemüht, da werden auf Platt die *Stuten* zitiert. Im Norden nennt man jede Art von Weißbrot *Stuten*, das Wort steht aber auch für Feingebäck: Kuchen, Kringel, Heißewecken.

Das Wort *Stuten* ist erst rund 600 Jahre alt. Verbreitet ist es allein im westlichen Teil des niederdeutschen Sprachgebiets und bei den niederländischen Nachbarn: die kennen *stoet*, ausgesprochen »Stuut«. Der Name *Stuten* ist abgeleitet von der ursprünglich an einen Oberschenkel erinnernden Form des Brotes. Insofern hängt *Stuten* mit *Steiß* zusammen und damit auch mit *stoßen*.
Zunächst unterschied sich der *Stutenbäcker* noch vom ordinären Bäcker, indem er nicht das übliche Graubrot, sondern edlere Brotsorten aus Weizenmehl und vor allem auch Gebäck herstellte. Dabei unterschied man *Weten-*, *Krüter-* und die besonders leckeren *Krinthenstuten*.
Zahlreiche Zusammensetzungen mit *Stuten* belegen den hohen Stellenwert, den das Gebäck noch vor wenigen Jahrzehnten innehatte: *Stutenkorv, -kist* oder *-kiep* dienten der *Stutenfro* oder dem *Stutendreger* dazu, die frische Ware an die Hausfrau zu bringen. Weil diese ambulanten Händler aber nicht nur mobil waren und vieles hörten, sondern weil sie auch in dem Ruf standen, gern Neuigkeiten und Gerüchte weiterzugeben, waren sie gleichermaßen geachtet

und gefürchtet. Und es galt: *De sik för 'n Stuten utgifft, warrt ok dorför opfreten.*
Übrigens: Als Leibgericht von Kindern galt in früherer Zeit *Stuten un Söötmelk.* Der Geschmack mag sich ändern, nicht aber die Freude am Genuss. Und so gilt auch heute: *Smooraal un Stuten gifft smerige Snuten.*

tüdeln

Wenn he blooß nich mit de Been in Tüdel kümmt … – heißt es in einem plattdeutschen Gassenhauer aus den 1920er Jahren. Das sprachliche Bild ist klar: *In Tüdel kamen* gebraucht man dann, wenn etwas durcheinander gerät. Das Ergebnis lässt sich nüchtern kommentieren: *Nu is aver allens vertüdelt.*
Auffällig ist, dass es zu den Wörtern mit *-el* immer auch Parallelformen mit *-er* gibt. So kennt man *Tüdel* und *Tüder*, aber auch *tüdeln* und *tüdern* sowie *tüdelig* und *tüderig*. Einiges spricht dafür, dass die *r*-Formen zuerst existierten, demnach sind *Tüder* (auch *Tüter*) und daraus abgeleitet *tüdern* (auch *tütern*) und *tüderig* (auch *tüterig*)

die ursprünglicheren Wörter. Verwandte finden sich im altnordischen *tjödr*, aber auch in aktuellen friesischen Mundarten und im englischen *tether* für den Strick, mit dem das Vieh auf der Wiese festgesetzt wird.

Daneben hat sich mit »Knoten« und daraus abgeleitet »Verwirrung« ein zweiter Bedeutungskomplex gestellt. Es liegen also zwei Formen und zwei Bedeutungen vor, die kaum auseinander zu halten sind: *So'n Tüderee, de maakt een ja reinweg tüdelig*. Auch bei den Tätigkeitswörtern gibt es fließende Grenzen, obwohl *tüdern* mehr zu »verknoten, mit einem Strick oder Band befestigen« neigt: *Se hett sik en Band in't Hoor tüdert*. Hingegen hört man *tüdeln* zumeist als »wirr reden, fantasieren«: *De ole Mann tüdelt sik wat her*. Hierher gehört auch der *Tüdelbüdel*, bei dem oft ein liebevoller Unterton mitschwingt, der kleine Unwahrheiten gern entschuldigt.

Übrigens: Zum klaren Durchblick können durchaus auch geistige Getränke verhelfen, wenn man sich nämlich einen *antüdelt*. Manch einer hält das für *Tüdelkraam*, andere schwören darauf, dass sich in diesem Zustand der ganze *Tüdelüüt* wesentlich leichter ertragen lässt.

twei *Ei is en Ei, wenn't fallt is't twei* – Schicksalsergebenheit ist eine fragwürdige Haltung, wenn es darum geht, Gegenstände auf ihre Brauchbarkeit hin zu überprüfen. Dabei dient *twei* der generellen Charakterisierung von Dingen, die nicht mehr funktionstüchtig sind: *De Klock geiht twei* oder *He hett tweie Büxen an.* Wenn eine Freundschaft endgültig beendet ist, sagt man übertragen: *De Putt is twei.*

Zu *twei* kennt man in vielen Gegenden Norddeutschlands auch die längere Form *entwei*, die wiederum an hochdeutsches *entzwei* erinnert. Das ist insofern irritierend, als dass die Vorsilbe ursprünglich *in-* lautete und *entwei* entsprechend mit »in zwei Teile« zu übersetzen ist. Seit rund 150 Jahren hat *twei* übrigens im Plattdeutschen durch *kaputt* Konkurrenz erhalten.

Die Fähigkeit des Menschen, sich auf Schäden einzustel-

len, ist sprichwörtlich: *Beter en tweie Poort as gor keen Tuun.* Dabei lehrt die Erfahrung, dass der Experte gerade im eigenen Fachgebiet oft eine kaum vermutete Toleranz aufbringt: *De Schooster hett jümmers de tweisten Schoh.* Häufig tritt *twei* im Zusammenhang mit Tätigkeiten auf, die das Zerstören bzw. Zerstört-Werden beschreiben: vom neutralen *tweigahn* oder *-maken* bis hin zu *tweibreken, -hauen, -rieten, -slaan -smieten* oder *-stöten.*
Übrigens: Irrig ist die Annahme, die Aussprache *ei* deute darauf hin, bei *twei* handle es sich um eine junge Entlehnung aus dem hochdeutschen *zwei*, weil das Wort ja sonst *twee* heißen müsste. Vielmehr ist *twei* aus einem Genitiv zum altsächsischen Wort *tweio* hervorgegangen. Nun stimmt die Erklärung: *Dor is nix an twei.*

vergrellt

De Fleeg an de Wand maakt em vergrellt.
Dass nicht alle Zeitgenossen ihr Tagewerk heiteren Herzens verrichten, liegt wohl im menschlichen Wesen begründet. Wer als *vergrellt* bezeichnet wird,

ist zunächst einmal das Gegenteil einer Frohnatur. Dabei kann es sich um eine momentane Stimmungslage handeln: *He weer so vergrellt, dat he nich wuss, wat he seggen schull.* Aber auch ein allgemein zu empfindlichen Reaktionen neigender Mensch lässt sich durch *vergrellt* charakterisieren: *De is jümmers glieks so vergrellt.*

Das Eigenschaftswort *vergrellt* rechnet man zu der Wortsippe, zu der auch der hochdeutsche *Groll* gehört. Dies wiederum ist mit *grell* verwandt, das noch im Mittelalter die Bedeutung »zornig, rau« aufwies. Im Hochdeutschen hat sich die Bedeutung von *grell* dann auf eine intensive Farbwahrnehmung einschränkt, wie in *grelles Licht* oder *grelle Sonne*. Auf Platt blieben hingegen die herkömmliche Lautgestalt und die alte Bedeutung erhalten, so dass *vergrellt* zu übersetzen ist mit »verärgert, verdrossen, gereizt, mürrisch, missmutig«. Die Missstimmung wird einer Person zumeist grundsätzlich und pauschal zugeschrieben: *De is aver vergrellt.* Sie lässt sich aber auch an der äußeren Erscheinung festmachen: *Wat kickt de wedder vergrellt.* Nur zu deutlich spiegelt der Gesichtsausdruck das innere

Befinden eines Menschen, und so ist es wenig verwunderlich, dass er zu allerlei Vergleichen Anlass gibt: *De maakt en vergrellt Gesicht, as wenn he Suerkohl to eten hett.* Oder mit spöttischem Unterton: *De maakt en vergrellt Gesicht, as wenn em en Groschen in't Water fullen is.*

Übrigens: Dass man einer Unart am besten durch eine andere begegnet, belegt der Satz: *He spöölt sien Vergrelltween mit Beer daal.* Doch auch in diesem Zustand fallen dem Plattdeutschen genügend Wörter ein, die das Bedeutungsfeld »zornig« abdecken: *biester, böös, dull, falsch, füünsch, gallig, giftig, gnarrig, wild.*

Wehdaag

Jeedeen Kranken meent, sien Wehdaag sünd de slimmsten! Nicht nur Ärzte und Krankenpfleger wissen, dass jeder einzelne Patient seine ganz individuelle Zuwendung benötigt. Denn unter körperlichen Schmerzen, unter *Wehdaag*, zeigen die meisten Menschen Anzeichen psychischer Anfälligkeit. Das gilt für *Buuk-*, *Kopp-* und *Tähnwehdaag* gleichermaßen.

Auffällig ist, dass *Wehdaag* auch in der Einzahl verwendet werden kann: *Wat 'n Wehdaag!* Das ursprüngliche Wort beschrieb die Tage, an denen man Schmerzen empfand: Weh-Tage. Bereits im Althochdeutschen kannte man *wétago*, allerdings verschwand das Wort später aus dem Hochdeutschen. Auf Platt ist es als *wedage* seit dem 13. Jahrhundert belegt.

Schmerzen kennt man überall in Norddeutschland, aber die Bezeichnungen fallen doch recht unterschiedlich aus. So ist für »Bauchschmerzen« neben *Buuk*- auch *Liefwehdaag* geläufig. In Schleswig-Holstein und im südlichen Niedersachsen ist *Buukweh* verbreitet, während man im Emsland und in Westfalen *Buukpien* (aus dem lateinischen *poena* »Strafe«) hört; im Oldenburger Land hat sich *Liefkehlt* (das mit *Qual* zusammenhängt) durchgesetzt.

Schmerz und Krankheit werden zumeist direkt benannt: *He kann vör Wehdaag keen Schritt maken*. Nur selten findet sich *Wehdaag* in sprachlichen Bildern. Eine Suppe, die *na Water un Wehdaag smeckt*, ist wenig gehaltvoll, und wer *vun Water un Wehdaag leevt*, führt ein ärmliches Leben.

Übrigens: in früheren Zeiten war körperliches Gebrechen und damit auch die Neigung zu *Wehdaag* fast immer mit der Zugehörigkeit zu einem niederen Stand verbunden. Zu einem verarmten Menschen kann man aber auch heute noch sagen: *De hett Wehdaag in'n Geldbüdel!*

wiesen

Wies maal eben, wat in't Blatt steiht! Diese Aufforderung, einen Blick in die Zeitung zu gewähren, ist auch demjenigen verständlich, der Plattdeutsch nicht beherrscht. Denn in *wiesen* erkennt man leicht das hochdeutsche *weisen*, für das man allerdings zumeist *zeigen* sagt, wie in: *He wiest sik vun sien best Siet.*
Es liegt auf der Hand, dass *wiesen* mit dem hochdeutschen Eigenschaftswort *weise* verwandt ist. Seine ursprüngliche Bedeutung ist mit »weise machen, klug machen« zu umschreiben. Bereits im ältesten Niederdeutsch, dem Altsächsischen, findet sich *wisian* als »lehren«; ähnliche frühe Formen gibt es auch in den Nachbarsprachen, etwa *wisa* im Altfriesischen oder *visa* im Altnordischen. Im heutigen

Deutsch erscheint *weisen* zumeist mit Vorsilbe, wodurch die Wörter ihre jeweilige Spezifizierung erhalten: die Reihe reicht von ab-, an-, auf-, aus- bis hin zu vor-, über-, unter- und zuweisen.
Ähnlich wie *zeigen* wird auch *wiesen* häufig in Drohungen verwendet. So kann es kurz vor einem Rauswurf heißen: *Ik will di wiesen, wo de Muermann dat Lock laten hett.* Will man seinen Unmut über das Verhalten des Gegenüber äußern, sagt man: *Di will ik wat anners wiesen!* Oder kaum präziser: *Di will ik wiesen, wo Bartelt den Most haalt!*
Übrigens: Die starke Parallelität von *wiesen* und *zeigen* offenbart sich auch bei den zugehörigen Hauptwörtern. So ist der hochdeutsche Zeigefinger ein plattdeutscher *Wiesfinger*, und der Wegweiser erscheint als *Wiespahl.* Nicht anders verhält es sich bei den Zeigern der Uhr. So kann es auf die Frage *Wat is de Klock?* durchaus scherzhaft heißen: *Fief Minuten op den lütten Wieser. Op den groten heff ik nich keken.*

wokeen *Wokeen schall dat betahlen?* – Bei dieser Nachfrage handelt es sich keineswegs um einen plattdeutschen Karnevals-Schlager. Dennoch bleibt auch bei den wenig närrischen Norddeutschen oft genug die Frage nach demjenigen, der die Zeche bezahlen soll, offen. Klar ist hingegen, dass *wokeen* nicht selten in der Kurzform *keen* erscheint und ganz einfach »wer« bedeutet: *Wokeen harr dat dacht!*

Unschwer lässt sich erkennen, dass *wokeen* aus zwei Teilen besteht. Doch anders als auf den ersten Blick vermutet, handelt es sich um eine Verbindung von *welk* und *een*, dem das hochdeutsche »welch-ein« entspricht. Bei diesem *welkeen* verschob sich zunächst die Betonung von der ersten auf die zweite Silbe. So konnte das unbetonte *welk* zu *wolk* abgeschwächt werden und anschließend das *l* ausfallen: *wok-een*. In einem nächsten Schritt vollzog sich eine neue Silbentrennung: *wo-keen*. Und in diesem Wort konnte schließlich auch noch das unbetonte *wo* ausfallen, so dass *keen* übrig blieb. Als Folge kann *keen* in vielen Gegenden je nach dem Zusammenhang zweierlei heißen:

»kein« oder »wer«. Daraus ergibt sich fast zwangsläufig das Frage-und-Antwort-Spiel: *Keen is dor? – Keen*, wobei das erste *keen* mit »wer« zu übersetzen ist, das zweite aber mit »keiner«. Mit dem allgemeinen *wokeen*, das präzise mit »derjenige, welcher« zu übersetzen ist, formuliert der Volksmund allerhand Weisheiten, etwa aus der Alltagspraxis: *Wokeen fragen deit, de kriggt ok wat*. Oder aus der Welt menschlicher Eigenschaften: *Wokeen veel lacht, de mutt veel wenen.*
Übrigens: In Mecklenburg und Vorpommern ist *wokeen* unbekannt. Hier hat sich für »wer« *wecker* durchgesetzt. Aber auch dieses Wort reizt zum spielerischen Umgang, wie Frage und Antwort beweisen: *Wecker? – De Wecker steiht op'n Nachtdisch!*

wrantig

En beten kantig, en beten wrantig, dat is mi graad so recht! Nicht nur in der Politik verstehen es Persönlichkeiten mit Ecken und Kanten, in besonderer Weise die Aufmerksamkeit auf sich zu lenken.

Und das, gerade weil sie manchmal *wrantig* sind, also »mürrisch und streitsüchtig«. Über einen Menschen, der in der Öffentlichkeit steht, besagt *wrantig* aber auch, dass er sich zur Wehr zu setzen versteht. Dieser positive Unterton schwingt beispielsweise mit, wenn von den Bewohnern Dithmarschens gesagt wird: *Se hebbt all Daag en strietbor Volk ween un wrantig.*

Das *wr-* am Wortanfang gilt als ein wichtiges Unterscheidungsmerkmal zwischen Hoch- und Plattdeutsch. Ursprünglich kannten alle germanischen Sprachen diese Lautkombination, die im Hochdeutschen bereits im 8. Jahrhundert durch Wegfall des *w* zu *r* verstümmelt wurde. Wenn der hochdeutsche Duden heute *Wrack, wriggen* oder *wringen* verzeichnet, so geschieht das nur, weil diese Wörter aus dem Niederdeutschen übernommen wurden. Im Englischen hat sich das *wr-* nur in der Schrift erhalten, gesprochen wird allein ein *r* in *write, wrestling* oder *wrong.*

Fast alle Wörter mit *wr-* bezeichnen die Überwindung eines Widerstands durch Stoßen – oder Drehen, wie in *wrögeln* oder *wrucksen*. Ursprünglich dürften die Wörter dem Geräusch nachempfunden gewesen sein, das bei der jeweiligen Tätigkeit entsteht. Viele *wr*-Wörter eignen sich aber auch hervorragend, um Charaktereigenschaften von Menschen oder Tieren zu veranschaulichen. So gelten für »dickköpfig«: *wrackelig, wracksch, wrampig, wruck* und viele mehr.

Gern verwendet man *wrantig* in Doppelformen: *De is den ganzen Dag so wrantig un wrucksig*. Auch die lautmalende Kraft des *wr-* mag hier eine Rolle spielen: *Wat kickst – du so wrantig un verdreetlich?*

Übrigens: Kleine Kinder, die müde werden und dann durch störrisches Verhalten auf sich aufmerksam machen, nennt man auch *Wrantkopp, Wrantputt* oder *Wrantsack*. Und ins Bett schickt man sie mit dem Satz: *Nu warrt't Tiet to Bett – de Wrantlüüs kaamt.*

Quellen und Anlaufstellen

Wer an Sprache interessiert ist, weiß es längst: Wörterbücher lesen sich wie Romane. Das gilt auch für die großen lexikograpischen Projekte, die im 20. Jahrhundert wichtige Eckpfeiler der wissenschaftlichen Beschäftigung mit dem Niederdeutschen bildeten. So ist das Wissen über die Bedeutung, die Herkunft und die Verwendung plattdeutscher Wörter vor allem in den großen Wörterbüchern festgehalten. Abgeschlossen liegen vor:

Hamburgisches Wörterbuch. 5 Bde. 1956–2006.
Mecklenburgisches Wörterbuch. 7 Bde. 1937–92.
Preußisches Wörterbuch. 6 Bde. 1974–2005.
Schleswig-Holsteinisches Wörterbuch. 5 Bde. 1927–35.

Zurzeit werden noch bearbeitet:
Niedersächsisches Wörterbuch. 1953 ff.
Pommersches Wörterbuch. 1997 ff.
Westfälisches Wörterbuch. 1973 ff.

Von den zahlreichen regionalen Wörterbüchern seien genannt:
Hümmlinger Wörterbuch von Heinrich Book. 3. Aufl. 2006.
Wörterbuch der ostfriesischen Sprache. Etymologisch erarbeitet von J. ten Doornkaat Koolman. 3 Bde. 1879–1884.

Lüneburger Wörterbuch von Professor Dr. Eduard Kück. 3 Bde: 1942–1967.

Über die historische Dimension gibt Auskunft:
Mittelniederdeutsches Handwörterbuch. 3 Bde. 1928 ff.

Unverzichtbare Informationen versammelt das von Jacob und Wilhelm Grimm gegründete Basiswerk zum Wortschatz der deutschen Sprache: *Deutsches Wörterbuch.* 33 Bde. 1854–1961 sowie die Neubearbeitung 1983 ff.

Selbstverständlich finden sich zahlreiche Informationen auch in den allgemeinen etymologischen Wörterbüchern, etwa:
Etymologisches Wörterbuch der deutschen Sprache. Hrsg. von Friedrich Kluge und Elmar Seebold (früher: Kluge / Götze, Kluge / Mitzka)
Das Herkunftswörterbuch. Etymologie der deutschen Sprache (Der Duden, Bd. 7).

Zusätzlich Hinweise finden sich in Aufsätzen zur Lexikologie und zur historischen Wortforschung. Mein besonderer Dank gilt den Kollegen in den Wörterbuchkanzleien, die auf Anfragen jederzeit kompetent und hilfsbereit geantwortet haben: in Göttingen (Niedersächsisches Wörterbuch), Greifswald (Pommersches Wörterbuch), Hamburg (Mittelniederdeutsch), Münster (Westfälisches Wörterbuch)

Register

(angegeben sind die Band-Nummer und die Seitenzahl)